RAYANE ISADORA LENHARO

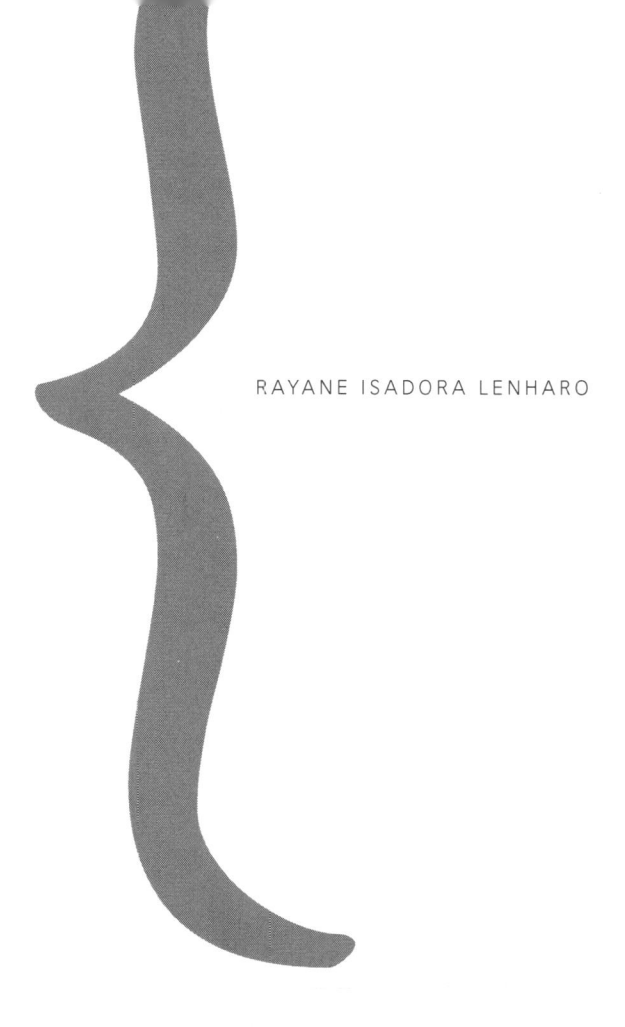

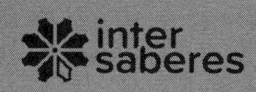

intersaberes

SÉRIE LÍNGUA PORTUGUESA EM FOCO

*Multiletramentos,
tecnologia e
aprendizagem*

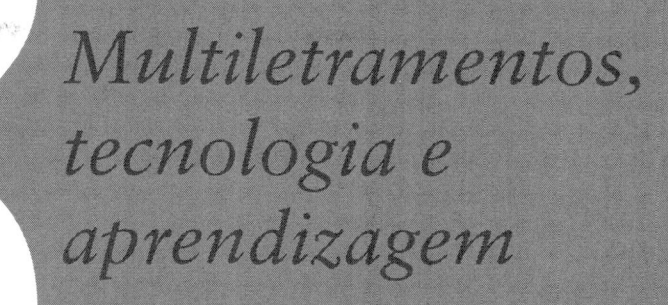

inter saberes

Rua Clara Vendramin, 58 ♦ Mossunguê ♦ CEP 81200-170 ♦ Curitiba ♦ PR ♦ Brasil
Fone: (41) 2106-4170 ♦ www.intersaberes.com ♦ editora@intersaberes.com

---

Dr. Alexandre Coutinho Pagliarini;
Dr². Elena Godoy; M². Maria Lúcia Prado Sabatella;
Dr. Neri dos Santos ♦ conselho editorial

Lindsay Azambuja ♦ editora-chefe

Ariadne Nunes Wenger ♦ gerente editorial

Daniela Viroli Pereira Pinto ♦ assistente editorial

Gilberto Girardello Filho ♦ preparação de originais

Palavra do Editor; Camila Rosa ♦ edição de texto

Luana Machado Amaro ♦ design de capa

ArtKio e marekuliasz/Shutterstock ♦ imagem de capa

Raphael Bernadelli ♦ projeto gráfico

Carolina Perazzoli ♦ diagramação

Luana Machado Amaro ♦ designer responsável

Regina Claudia Cruz Prestes ♦ iconografia

Dados Internacionais de Catalogação na Publicação (CIP)
(Câmara Brasileira do Livro, SP, Brasil)

Lenharo, Rayane Isadora
   Multiletramentos, tecnologia e aprendizagem / Rayane Isadora Lenharo. -- Curitiba : Editora Intersaberes, 2023.
-- (Série língua portuguesa em foco).

   Bibliografia.
   ISBN 978-65-5517-046-7

   1. Aprendizagem 2. Inovações tecnológicas 3. Letramento 4. Letramento digital 5. Linguagens 6. Prática pedagógica 7. Tecnologia educacional I. Título. II. Série.

22-134676   CDD-371.334

Índices para catálogo sistemático:

1. Letramento digital : Tecnologia : Educação 371.334
   Cibele Maria Dias - Bibliotecária - CRB-8/9427

1ª edição, 2023.

Foi feito o depósito legal.

Informamos que é de inteira responsabilidade da autora a emissão de conceitos.

Nenhuma parte desta publicação poderá ser reproduzida por qualquer meio ou forma sem a prévia autorização da Editora InterSaberes.

A violação dos direitos autorais é crime estabelecido na Lei n. 9.610/1998 e punido pelo art. 184 do Código Penal.

sumário

apresentação, vii

como aproveitar ao máximo este livro, xii

um   Do letramento aos novos letramentos, 15
dois   Multiletramentos e multimodalidade, 49
três   Multimodalidade e hipertexto: conceitos e convergência das mídias, 81
quatro   Hipermodernidade, hiperinformação e culturas de rede, 95
cinco   Multiletramentos e gêneros multimodais no contexto digital, 111
seis   Práticas pedagógicas e tecnologias digitais de informação e comunicação, 135

considerações finais, 159

referências, 161

bibliografia comentada, 171

respostas, 173

sobre a autora, 177

apresentação

€ EM TODOS OS campos da atividade humana, é notória a mudança provocada pelo advento das novas tecnologias digitais de informação e comunicação (TDICs). Convivemos com sistemas cada vez mais informatizados e controlados por máquinas. Também há quem acredite estarmos vivendo tempos de fusão do homem com a máquina, o que daria origem a uma subjetividade maquínica (Guattari, 1988).

Concordando ou não com essa perspectiva, é impossível negar o impacto que as novas máquinas, os *gadgets* e toda uma sorte de aparelhos eletrônicos, com suas centenas de funcionalidades, podem operar tanto em nossa vida social como em nossa vida biológica, ou seja, em nossa mente (Wolf, 2019).

Aliados a essas mudanças, os estudos sobre letramentos têm se desenvolvido cada vez mais na área de linguística aplicada (LA), o que levou ao surgimento de conceitos como o de multiletramentos. As teorias de multiletramentos têm enriquecido a discussão a respeito da tecnologia como amplificadora da produção e reprodução de sentidos na atualidade, além de nos convidarem a entender a língua como plural e diversificada.

Tendo em vista a profusão de estudos e discussões acerca destes dois temas centrais – multiletramentos e tecnologia –, este livro se justifica na medida em que visa aproximar o leitor de tais teorias, de modo a esclarecer as perspectivas subjacentes e as possibilidades de transpor esses conceitos para a prática de ensino-aprendizagem de línguas.

Com esta obra, portanto, buscamos possibilitar o entendimento das diferentes linhas de pensamento atreladas às noções apresentadas, assim como estimular reflexões que vão além do que está proposto nas próximas páginas. A ideia é que, ao adentrar esse universo, você, leitor, possa se desenvolver como estudante dedicado aos temas de multiletramentos e tecnologia e, com sua contribuição intelectual, expandi-los e tomar proveito deles em suas atividades acadêmicas, profissionais e pessoais.

Desse modo, este material se destina a professores e educadores em geral, em formação inicial ou continuada, interessados nas relações entre as TDICs e as habilidades de leitura e escrita em conjunção com os diversos meios semióticos de produção de sentido utilizados na atualidade. Esses dois interesses estão diretamente vinculados aos temas abordados nesta obra.

Em termos cronológicos, é possível afirmar que o impulsionamento das novas formas de comunicação instauradas pelas tecnologias levou ao surgimento do conceito de multiletramentos. Isso porque, na atualidade, podemos produzir textos multimodais com mais facilidade. Além disso, inundados pelos efeitos da globalização, é mais frequente nosso contato com diferentes culturas e práticas sociais, seja em meio virtual, seja em meio físico.

Nas últimas décadas, houve um grande movimento que enfraqueceu essas fronteiras e tornou as pessoas cada vez mais habituadas a encontrar o "diferente". Essa facilidade, porém, não gerou uma habilidade automática – como diria Street (2014), um letramento autônomo – de lidar com as diversas exigências inerentes às práticas sociais repaginadas pelas tecnologias ou, ainda, às novas práticas sociais que são fruto do contato com o meio digital. Por isso, precisamos discutir o impacto desses multiletramentos e as relações entre eles. Entendê-los nos fará melhores comunicadores e leitores (ou, usando a expressão "da moda", possíveis *produtores de conteúdo*), em uma era cada vez mais informatizada.

Assim, os conteúdos serão tratados de forma simples e didática, com o objetivo de apresentar o jargão acadêmico de modo mais acessível, por meio de comparações, metáforas e explicações que visam vincular os universos da teoria e da prática. Ambos devem caminhar juntos para que possamos sempre desenvolver uma práxis informada e embasada, o que certamente nos dará maior segurança e credibilidade e ampliará nossas perspectivas.

Em termos de correntes teóricas, nossa filiação é ao paradigma pós-estruturalista dos estudos da linguagem, que busca desvencilhar-se de uma visão cartesiana e eurocêntrica, de maneira a abarcar e validar conhecimentos que não aqueles produzidos somente por autores do norte global. O movimento de reconhecer os diversos saberes existentes pode ser classificado como uma ecologia de saberes (Sousa Santos, 2004), em que os contextos locais são levados em conta para a determinação da pertinência e/ou da adequação dos conceitos nos diferentes espaços sociais.

Os conteúdos selecionados estão organizados em seis capítulos. No Capítulo 1, abordaremos o percurso do termo *letramento* até chegar à nomenclatura *novos letramentos* e, finalmente, *multiletramentos*. No Capítulo 2, enfocaremos o conceito de multimodalidade e sua vinculação com a pedagogia dos multiletramentos formulada pelo Grupo de Nova Londres (GNL). Já no Capítulo 3, articularemos as noções de multimodalidade e de hipertexto. Na esteira dos *hipers*, discutiremos, no Capítulo 4, as noções de hipermodernidade, hiperinformação e culturas de rede. No Capítulo 5, trataremos dos multiletramentos e dos gêneros multimodais no contexto digital. Por fim, no Capítulo 6, faremos um movimento mais específico no sentido de associar a temática das tecnologias à devida transposição didática destas para o contexto da sala de aula.

Boa leitura!

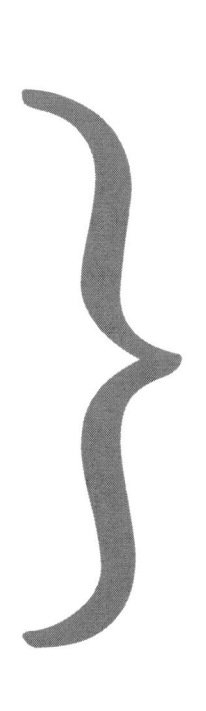

}

como aproveitar ao máximo este livro

Empregamos nesta obra recursos que visam enriquecer seu aprendizado, facilitar a compreensão dos conteúdos e tornar a leitura mais dinâmica. Conheça a seguir cada uma dessas ferramentas e saiba como estão distribuídas no decorrer deste livro para bem aproveitá-las.

Logo na abertura do capítulo, informamos os temas de estudo e os objetivos de aprendizagem que serão nele abrangidos, fazendo considerações preliminares sobre as temáticas em foco.

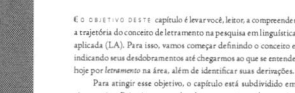

Algumas das informações centrais para a compreensão da obra aparecem nesta seção. Aproveite para refletir sobre os conteúdos apresentados.

Ao final de cada capítulo, relacionamos as principais informações nele abordadas a fim de que você avalie as conclusões a que chegou, confirmando-as ou redefinindo-as.

Apresentamos estas questões objetivas para que você verifique o grau de assimilação dos conceitos examinados, motivando-se a progredir em seus estudos.

Aqui apresentamos questões que aproximam conhecimentos teóricos e práticos a fim de que você analise criticamente determinado assunto.

Nesta seção, comentamos algumas obras de referência para o estudo dos temas examinados ao longo do livro.

bibliografia comentada

KALANTZIS, M.; COPE, B.; PINHEIRO, P. Letramentos. Campinas: Ed. da Unicamp, 2020.

Trata-se de um manual rico em informações históricas e teóricas sobre a temática dos letramentos. Os autores descrevem abordagens e possibilidades de trabalho com diversos recursos semióticos, como significados sonoros, espaciais, visuais, bem como da escrita e da leitura. É uma obra de leitura obrigatória para todos os interessados em letramentos.

JORDÃO, C. M.; MONTE MÓR, W. (Org.). Letramentos em prática na formação inicial de professores de inglês. Campinas: Pontes, 2018.

Essa coletânea de artigos traz experiências de formadores de professores de inglês em relação a diversas áreas dos letramentos. Os autores discutem situações de ensino relacionadas a disciplinas como Fonética, Fonologia e Estágio Supervisionado, entre outras.

um   Do letramento aos novos letramentos
dois   Multiletramentos e multimodalidade
três   Multimodalidade e hipertexto: conceitos e convergência das mídias
quatro   Hipermodernidade, hiperinformação e culturas de rede
cinco   Multiletramentos e gêneros multimodais no contexto digital
seis   Práticas pedagógicas e tecnologias digitais de informação e comunicação

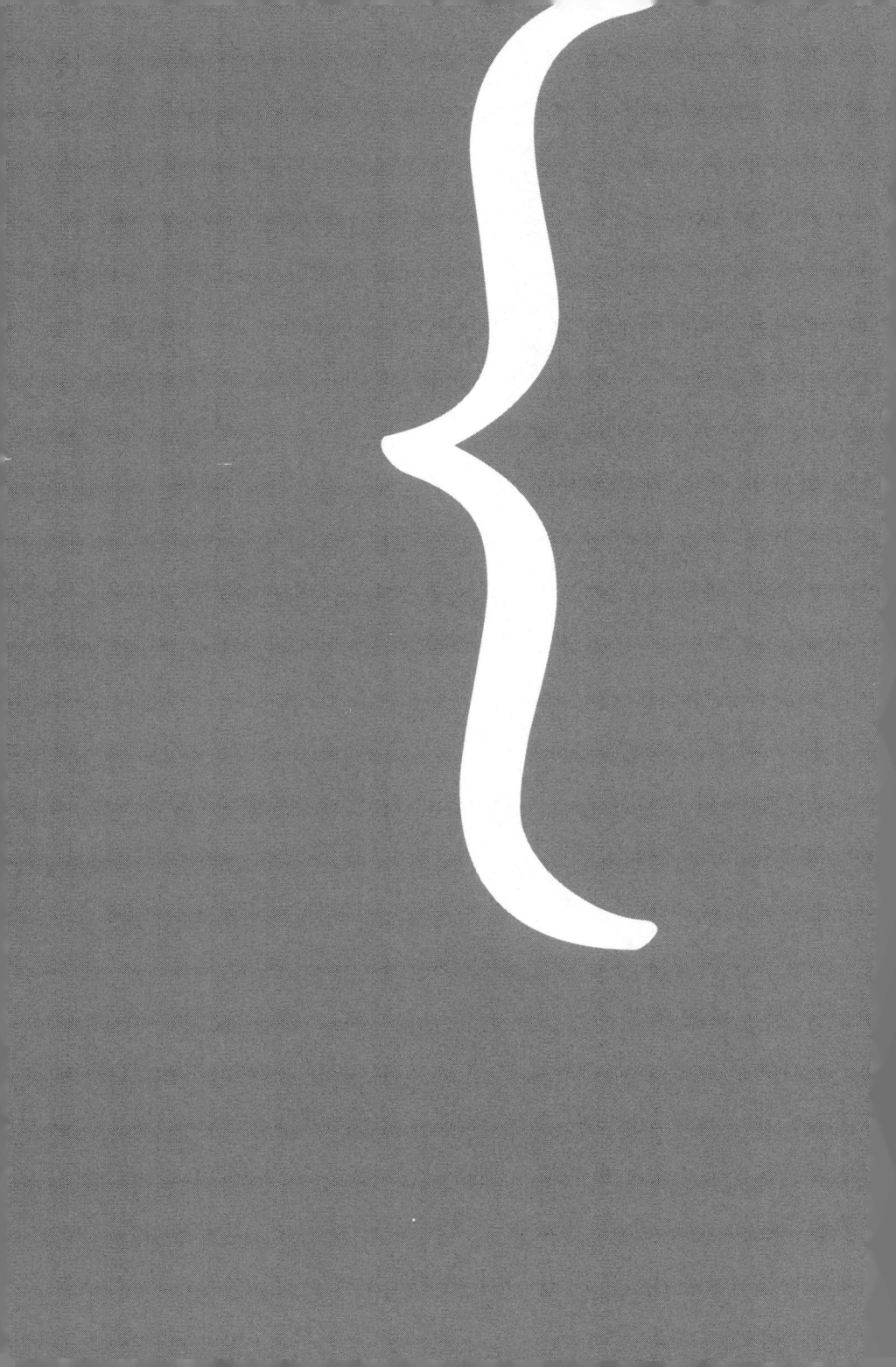

❰O OBJETIVO DESTE capítulo é levar você, leitor, a compreender a trajetória do conceito de letramento na pesquisa em linguística aplicada (LA). Para isso, vamos começar definindo o conceito e indicando seus desdobramentos até chegarmos ao que se entende hoje por *letramento* na área, além de identificar suas derivações.

Para atingir esse objetivo, o capítulo está subdividido em cinco seções. Primeiramente, abordaremos a origem do conceito de letramento e os principais autores associados a ele. Em seguida, relacionaremos o letramento ao advento das novas tecnologias digitais e suas implicações para os processos de leitura e escrita. Na sequência, trataremos dos letramentos digital e crítico. Por fim, discutiremos a relação entre esses dois tipos de letramento, a fim de preparar o terreno para o capítulo seguinte, que versará sobre os multiletramentos.

umpontoum
O conceito de letramento

Há mais de duas décadas vem se falando muito sobre o conceito de letramento na educação. Nos estudos realizados no Brasil, a primeira aparição do termo remonta a 1986 (Soares, 1999). Desde então, muitos pesquisadores se interessaram pelo conceito e por suas implicações para a área. Diante disso, consideramos fundamental traçar a trajetória desse conceito para esclarecer as bases epistemológicas que sustentam as diversas nomenclaturas relacionadas a ele que foram surgindo no meio acadêmico com o avanço das pesquisas na área.

Atualmente, as discussões sobre letramento no Brasil geralmente se dão em torno da obra de Paulo Freire e do postulado de sua pedagogia crítica. Na realidade, o autor versa um pouco sobre letramento em quase todas as suas obras, mas é notadamente no livro com Donaldo Macedo, intitulado *Alfabetização: leitura do mundo, leitura da palavra* (Freire; Macedo, 2014), que ele se debruça mais sobre esse conceito.

Os encaminhamentos relacionados ao termo que existem hoje são resultado das reflexões promovidas sobretudo pela perspectiva freiriana da alfabetização e, consequentemente, do letramento (Menezes de Souza, 2011b; Monte Mór, 2015; Street, 2014). As ideias inspiradoras de Freire emergiram nos anos 1960, e sua tônica se baseou em um ensino contextualizado e vinculado à realidade dos alunos. Mais tarde, 20 anos depois, essas ideias foram revitalizadas por pesquisadores do letramento, que retomaram questões vinculadas ao conceito e as desenvolveram ainda mais.

Afinal, o que é letramento? Segundo Soares (2004, p. 6), são "práticas sociais de leitura e de escrita mais avançadas e complexas que as práticas do ler e do escrever resultantes da aprendizagem do sistema de escrita". Desse modo, aprender a ler e escrever significa aprender o código linguístico, ou seja, identificar e reproduzir textual e oralmente as letras do alfabeto e suas combinações. No entanto, isso não é suficiente para que o aluno consiga utilizar essa habilidade em seu cotidiano. Para isso, é necessário compreender que ler e escrever são atividades inscritas sempre no âmbito de uma prática social, ou seja, em situações sociais que envolvem um contexto, geralmente descrito por perguntas como:

+ Quem escreveu este texto?
+ Para quem ele foi escrito?
+ Quando ele foi escrito?
+ Onde ele foi escrito?
+ Por que ele foi escrito?

Ao identificar esse contexto imediato, o aluno já consegue ter uma ideia melhor de que, a depender das respostas, os textos servirão a distintos propósitos e terão diferentes atores sociais envolvidos em sua produção. Além disso, não se trata apenas de ler os textos, mas também as situações sociais, assim como entender os usos que as pessoas fazem desses textos durante as interações. Reconhecer esses usos é o que chamamos de *letramento*.

Mas de onde surgiu a palavra *letramento*? Soares (1999) comenta que a primeira vez que o termo apareceu em um texto foi em 1986, escrito pela autora Mary Kato. Contudo, só em 1988 ele ganhou atenção e recebeu uma definição por Leda Verdiani

Tfouni. De acordo com Soares (1999), é no texto dessa autora que se iniciou o debate acerca da dupla *alfabetização* e *letramento*, ao se fazerem distinções entre um e outro.

É interessante observar a pertinência do termo para a área de LA: passados mais de 35 anos de seu aparecimento nos estudos acadêmicos, a temática está longe de ter se esgotado. Isso reforça a importância de se abordar o letramento sobretudo na formação inicial na graduação em Letras, uma vez que discussões envolvendo nomes como Freire e Soares por vezes ficam restritas ao campo da educação, especificamente no curso de Pedagogia.

É importante ressaltar que o tema da alfabetização já vinha sendo tratado desde os anos 1960 no Brasil, o que mais tarde veio a gerar um falso embate entre os processos de alfabetização e de letramento (que perdura até os dias atuais). Conforme Soares (2004) explica, o termo *literacy*, em inglês, tem uma conotação diferente do que entendemos por *letramento* no Brasil. Nos Estados Unidos, por exemplo, não há um vocábulo específico equivalente ao conceito de *alfabetização*, visto que, quando o tema ganhou notoriedade por lá, as discussões já se centravam no termo *literacy*. Por conta disso, os pesquisadores estadunidenses costumam se referir à noção de *alfabetização* como *beginning literacy* (letramento iniciante) ou *reading instruction* (instrução de leitura).

Lankshear e Knobel (2011) complementam essa informação sobre o cenário internacional ao descreverem o fato de que, nos anos 1970, a ideia de letramento no Ocidente estava vinculada à atividade de espaços não formais de educação, ou seja, locais fora da grade regular de aulas da educação básica. Nesses casos, o trabalho era frequentemente resultado de ação voluntária, cujo público-alvo era aquele que, por diversos motivos, não tinha a habilidade de ler e escrever, sendo, portanto, considerado "iletrado". Na década de 1980, porém, os debates sobre letramento se concentraram nas atividades institucionais obrigatórias coordenadas pelas escolas e políticas públicas. É possível observar, pois, que o letramento como conceito tomou diversos caminhos em diferentes partes do mundo. Mas é principalmente com base nos trabalhos de Paulo Freire que ainda hoje dialogamos com a ideia de letramento.

Lankshear e Knobel (2011, p. 6, tradução nossa) afirmam que "a educação de letramento freiriano foi um componente integral de uma pedagogia radical e politizada, designada com o propósito de estimular a ação para a mudança"*. Os autores destacam cinco elementos que contribuíram para o *boom* de pesquisas na área do letramento:

1. Paulo Freire e o movimento da educação radical;
2. a crise do letramento dos anos 1970;
3. relações entre letramento, crescimento econômico e bem-estar social;
4. relações entre letramento, prestação de contas, eficiência e qualidade;
5. a teoria sociocultural de Gee.

Monte Mór (2015) corrobora o destaque aos estudos de Freire para o aumento das discussões em torno do letramento.

---

* No original: *"Freirian literacy education was, then, an integral component of a radical, politicized pedagogy purposefully designed to stimulate action for change."*

Ao desenvolver uma breve cronologia dos estudos de letramento no Brasil, a autora menciona que os trabalhos de Freire, desenvolvidos na década de 1960, foram reprimidos pela ditadura militar no país e só foram recuperados a partir do final dos anos 1980 e do início dos anos 1990, quando foram divulgados e, assim, permitiram a reconfiguração de olhares sobre a prática pedagógica tanto em nosso país quanto no exterior.

A importância do pensamento de Freire reside na tese central de que não basta ensinar o aluno a ler e escrever – é fundamental torná-lo capaz de ler o mundo à sua volta por meio da análise do contexto sócio-histórico que o circunda, bem como a partir do que Freire aponta como o consequente desvelar das ideologias presentes nos discursos, sobretudo no da classe dominante. Dessa forma, o que Freire faz aqui é, de outra maneira, advogar por um ensino que inclua não só a alfabetização, mas também o letramento.

Freire (1996, p. 47) afirma que "ensinar não é transferir conhecimento, mas criar as possibilidades para a sua própria produção ou a sua construção". De acordo com o autor, tais possibilidades se dariam por meio do trabalho contextualizado em sala de aula, ou seja, tornando-se o processo de ensino-aprendizagem significativo para os alunos mediante a reflexão sobre as ideologias que orientam as práticas sociais, dentro e fora da escola. Logo, o autor se coloca em oposição a uma educação que ele chama de *bancária*, na qual o professor é o único detentor do conhecimento e, tal qual um agente bancário, transfere ou deposita o saber nos alunos. Para Freire (1996), os alunos precisam ter um papel ativo na construção do conhecimento que aprendem na escola.

Freire (1996) também destaca o fato de que a língua não é neutra. Ele enfatiza que todos os discursos, consciente ou inconscientemente, orientam-se por um conjunto de pressupostos – portanto, uma pretensa neutralidade dos discursos é impossível. Pensando nas práticas pedagógicas, o autor chama a atenção para o entendimento de que o forjar de uma neutralidade em sala de aula é um desrespeito ao aluno e à sua capacidade de pensar criticamente:

> Em nome do respeito que devo aos alunos não tenho por que me omitir, por que ocultar a minha opção política, assumindo uma neutralidade que não existe. Esta, a omissão do professor em nome do respeito ao aluno, talvez seja a melhor maneira de desrespeitá-lo. O meu papel, ao contrário, é o de quem testemunha o direito de comparar, de escolher, de romper, de decidir e estimular a assunção deste direito por parte dos educandos. (Freire, 1996, p. 69)

Diante disso, pensar em práticas autênticas e que realmente façam sentido para os alunos é o único modo de fazê-los se sentir como parte da experiência educacional. Além disso, essas práticas podem levar os educandos a perceber que aprender não é um movimento passivo e monótono, desvinculado das vivências trazidas por eles no contexto escolar. Pelo contrário, o ato de aprender representa um ambiente de embates que visa promover a construção conjunta de sentidos.

Street (2014) reconhece a importância dos estudos de Freire para o que hoje entendemos por *letramento*, porém o faz com uma ressalva: apesar dos esforços do pedagogo brasileiro para combater políticas de governos autoritários e ajudar no despertar da consciência das camadas mais populares, a concepção ocidental de letramento adotada pelo pensador brasileiro "frequentemente repousa sobre pressupostos semelhantes acerca da ignorância e da falta de autoconsciência crítica dos 'não letrados'" (Street, 2014, p. 37).

Isso se deve ao fato de que Freire acreditava que o domínio das práticas de leitura e escrita (consideradas formas de expressão hegemônicas) pelas camadas populares era a chave para que estas se libertassem das amarras da opressão e pudessem, assim, não ser mais consideradas iletradas ou "vítimas" da exclusão social imposta pelo analfabetismo. No entanto, Street destaca que, em sociedades orais estudadas por ele no Irã nos anos 1970, desprovidas de práticas de leitura e escrita, os falantes lançavam mão de outras habilidades comunicativas e semióticas em práticas sociais sem que isso denotasse a ausência de capacidades psíquicas superiores ou mais sofisticadas ou comprometesse a vida naquelas comunidades. Nas palavras do autor:

> *Quando as pessoas estão em contato com (ou quando elas mesmas falam) várias línguas, tendem a desenvolver uma linguagem para falar da linguagem, a criar consciência do caráter de diferentes tipos de fala (e de escrita) e da sutileza de significados em contextos diferentes. O jogo com figuras de linguagem, a habilidade retórica, assim como a capacidade de desenvolver e apreciar diferentes gêneros são características das assim chamadas sociedades orais.* (Street, 2014, p. 39)

Vale ressaltar que o Freire a que Street (2014) se refere quando tece essa crítica é o autor que ficou mundialmente conhecido com o livro *Pedagogia do oprimido*, escrito em meados dos anos 1970. Anos depois – mais precisamente duas décadas –, Freire revisitou as próprias ideias ao trabalhar com os conceitos de alfabetização e de letramento (Freire; Macedo, 2014).

Menezes de Souza (2011a) aponta essa repaginação freiriana ao falar do letramento crítico redefinido, em que não apenas as leituras do mundo e da palavra são importantes, mas também, e sobretudo, a leitura de si como leitor do mundo e da palavra. Perceber a genealogia dos significados, ou seja, as origens dos modos com os quais enxergamos as realidades, pode abrir caminho para olhares mais apurados acerca daquilo que nos rodeia, além de educar para o convívio não violento com a diferença, essencial para a atuação do educador.

Os trabalhos de Street (2014) deram início ao que se convencionou chamar de **novos estudos de letramento**, isto é, investigações que levavam em conta práticas antes desconsideradas pela teoria do letramento tradicional, recusando a nomenclatura de *analfabetismo funcional* por meio do reconhecimento e da análise das práticas sociais dos falantes em meio às diversas nuances que elas poderiam assumir.

Com relação a esse ponto, a questão da multimodalidade, que depois se tornaria central nas teorias de multiletramentos, surgiu mediante o reconhecimento da existência e da equivalência, em termos de importância, das materialidades escrita e oral da comunicação.

Os novos estudos de letramento ganharam destaque com os trabalhos de Brian Street (1984, 2014). Partindo de uma perspectiva antropológica, o autor vinculou a ideia de letramento aos estudos de vertente sociocultural baseados metodologicamente em procedimentos etnográficos de investigação. O resultado culminou na acepção do letramento como prática social, em oposição à concepção até então dominante de um letramento único e ideologicamente neutro.

Street (2014) analisa a existência de dois modelos de letramento: um autônomo e outro ideológico. Conforme o **modelo autônomo**, práticas de letramento estão restritas a saber decodificar e empregar os signos linguísticos, ou seja, saber ler e escrever na perspectiva da língua como código para a transmissão do pensamento.

Segundo o autor, a ideia veiculada durante o Ano Internacional da Alfabetização (1990) era a de que a aquisição do letramento levaria os alunos a desenvolver habilidades sociais, cognitivas e culturais de forma automática – o que caracterizaria, portanto, esse processo como autônomo. Assim, todo sujeito letrado estaria apto a atuar nas diferentes práticas sociais relacionadas à leitura e à escrita requeridas em sociedade. Além disso, na lógica desse modelo, o ato de ensinar a decodificação de sinais gráficos seria uma prática neutra, que nada teria a ver com o contexto social em que o indivíduo está inserido.

Entretanto, essa noção é problemática, uma vez que o letramento "neutro" em questão se constitui como o letramento dominante eurocêntrico, cuja origem e modo de ser não existem na neutralidade, e sim tomando como base as noções do lócus em que foram construídos e, portanto, reproduzindo a lógica do local em que o termo se originou. Nas palavras de Kleiman (1995, p. 22), "a característica da 'autonomia' refere-se ao fato de que a escrita seria, nesse modelo, um produto complexo em si mesmo, que não estaria preso ao contexto de sua produção para ser interpretado".

Essa concepção de letramento único criticada por Street pode ser associada ao conceito de alfabetização predominante no Brasil contemporâneo. De acordo com essa noção, a aprendizagem do alfabeto e de seus símbolos e sons representaria uma habilidade a ser adquirida antes de o indivíduo desenvolver a capacidade de interpretar a realidade e o contexto atrelado à linguagem, de modo que o ato de aprender a ler e escrever (entendido como aprender o alfabeto) seria uma prática neutra.

Tal postura equivocada deixa de levar em conta as contribuições trazidas pela filosofia da linguagem, já que, como Volóchinov (2017, p. 179) afirma, "uma forma linguística não será compreendida como tal enquanto ela for apenas um sinal para aquele que a compreende. Um sinal puro não existe nem nas fases iniciais da aprendizagem de uma língua".

Por outro lado, ao se conceber o letramento pelo **modelo ideológico**, é possível reconhecer que aspectos técnicos da leitura e da escrita estão "sempre encaixados em práticas sociais particulares – o processo de socialização por meio do qual a leitura e a escrita são adquiridas e as relações de poder entre grupos engajados em práticas letradas diferentes são cruciais para o entendimento de questões e 'problemas' específicos" (Street, 2014, p. 161).

Dessa forma, o autor reforça a importância de contextualizar as práticas sociais no ensino de leitura e escrita, visto que somente o aprendizado da técnica não garante a possibilidade de participação efetiva nos usos sociais de ambas. Esse modo de pensar também destaca a existência de práticas letradas múltiplas, sendo estas ligadas ao contexto sócio-histórico-cultural em que circulam – ou seja, nunca neutras ou estanques – e sempre vinculadas aos interesses dos enunciadores.

Pensar a educação para além da codificação de símbolos linguísticos tem impactos nas formas de perceber e entender as práticas culturais, uma vez que "as mudanças operadas por um programa de letramento nos dias de hoje podem, de igual modo, atingir fundo as raízes de crenças culturais, fato que pode passar despercebido dentro de um ideário que pressupõe leitura e escrita como simples habilidades técnicas" (Street, 2014, p. 31).

Por meio dessas ideias, Street centrou suas discussões no letramento como vinculado às práticas sociais que fazem uso da leitura e da escrita. Lankshear e Knobel (2011), por sua vez, também contribuem com o quadro teórico dos novos estudos do letramento, mas ampliam o escopo semiótico das práticas sociais a serem analisadas.

Os autores afirmam que os novos letramentos são ontologicamente novos em dois sentidos: o multimodal e o de *ethos*. O **multimodal** está vinculado ao uso de diversos modos semióticos para representar e construir sentidos, potencializados pelo advento de novas tecnologias digitais, enquanto o *ethos* está relacionado a "diferentes configurações de valores, além de envolver

uma cultura mais 'participativa', 'colaborativa' e 'distribuída'"*
(Lankshear; Knobel, 2011, p. 29, tradução nossa).

Ainda de acordo com Lankshear e Knobel (2011), não basta apenas lidar com esse novo aparato tecnológico sem pensar em uma mudança de *ethos*, já que isso pode fazer com que os educadores incorram na simples transferência de abordagens tradicionais do quadro e do giz para a tela dos novos *gadgets*. Assim, os autores expandem o conceito de letramento para além da materialidade escrita.

A necessária mudança de *ethos* se faz visível sobretudo no momento em que escrevemos este livro, pois o mundo está aos poucos tentando se recuperar de uma pandemia que alterou hábitos e práticas em diferentes esferas de atividade. No campo da educação, milhares de professores se viram forçados a adotar o ensino remoto e a fazer uso das tecnologias digitais para seguirem lecionando.

Inicialmente, houve uma falta de direcionamento sobre o modo de operar com esse novo modelo de ensino, o que gerou relatos, tanto da parte de alunos quanto de pais e responsáveis, de que havia um descompasso nas exigências feitas pelos professores em termos de quantidade de atividades remotas a serem cumpridas, por exemplo (Simm et al., 2020; Barbosa et al., 2020).

Quanto à interação estabelecida no modelo remoto, alguns alunos observaram que, em muitos casos, a prática docente consistiu somente em tratar as videoaulas como aulas no ambiente

---

* No original: "[...] different 'ethos stuff' from what we typically associate with conventional literacies. For example, they are often more 'participatory', more 'collaborative', and more 'distributed'."

convencional escolar, mas filmadas e transmitidas *on-line*. Isto é, não se promoveu uma reflexão acerca das diferenças entre ensinar remotamente e ensinar no espaço físico da sala de aula – contextos que constituem *ethos* e práticas distintos (Geelle..., 2021).

De toda forma, a possibilidade de se pensar em letramentos como plurais gerou a nomeação de diferentes tipos de letramento: *imagético, digital, sonoro, gestual*, entre outros. Street (2014) alerta para o cuidado de não entender esses multiletramentos como meros inventários de letramentos, devendo-se pensar o prefixo *multi* como sinalizador da pluralidade de modos semióticos de significação, bem como de perspectivas culturais múltiplas. Ainda assim, é produtivo pensar nas diferenças entre essas nomenclaturas.

Tendo em vista esse panorama, na seção a seguir, refletiremos sobre a forma como as novas tecnologias se relacionam com os usos sociais da leitura e da escrita.

umpontodois
O impacto das tecnologias digitais nas questões relacionadas ao letramento

O mundo globalizado nos obrigou cada vez mais a lidar com as tecnologias em nossa vida. Atualmente, é praticamente impossível não utilizá-las em qualquer esfera cotidiana. Embora hoje nos pareça natural conviver com telas o tempo todo, alguns estudiosos começaram a se dedicar a estudar a relação entre a exposição às tecnologias e nossa atividade cerebral. Será que o processo de ler em telas é igual ao de ler em um livro físico? Essa mudança de realidade impacta nossa capacidade de pensar criticamente e reconhecer os usos sociais da leitura e da escrita? É o que vamos abordar na sequência.

Por meio de uma coleção de cartas, Wolf (2019) nos apresenta suas visões acerca do impacto da leitura digital no cérebro. Em uma dessas cartas, ela afirma que, talvez,

> com a intenção de dar às nossas crianças tudo aquilo que podemos, através das muitas ofertas criativas dos e-books e das inovações tecnológicas mais recentes e aprimoradas, possamos estar privando-as, inadvertidamente, da motivação e do tempo necessários para construir suas próprias imagens do que leem, e montar seus próprios mundos imaginários off-line, que são os habitats invisíveis da infância. (Wolf, 2019, p. 131)

Nesse sentido, é interessante buscar entender de que maneira o modo como as crianças interagem com textos físicos e digitais impacta a formação de seu cérebro e de todo o seu modo de pensar e funcionar. Em seu livro, Wolf (2019) menciona a perspectiva da neurociência, e sua preocupação gira em torno da forma como as crianças processam a memória de trabalho e, consequentemente, a memória de longo prazo, ao interagirem com telas a maior parte do tempo.

Um de seus apontamentos mais interessantes diz respeito a uma pesquisa em que se compara a compreensão das crianças ao lerem um livro físico e um livro digital. De maneira geral, ao lerem um livro digital, os leitores tinham menos noção de espaço e tempo do que aqueles que leram no suporte físico. Isso porque a tela dá uma sensação de infinidade, o que prejudica a sequenciação temporal e lógica daquele que lê, enquanto a materialidade do livro impresso confere uma noção mais apurada de começo, meio e fim de um texto, bem como das informações nele vinculadas.

Uma vez que lidar com as tecnologias é algo que faz parte de nossa vida e que será impossível de desvincular das novas gerações, Wolf (2019) propõe que as crianças sejam gradualmente expostas às telas somente a partir dos 2 anos de idade. Com base em vários estudos mencionados em seu livro, a autora sugere que crianças entre 2 e 3 anos de idade podem passar de alguns minutos a no máximo meia hora por dia no ambiente digital; no caso de crianças um pouco mais velhas, exposição pode durar até duas horas. A ressalva feita por Wolf (2019) é que, na realidade, tais crianças frequentemente já estão expostas às telas nos ambientes educacionais, o que quase eliminaria a necessidade de expô-las novamente ao mundo digital no ambiente do lar.

De qualquer forma, a autora enfatiza a importância de pensar nas tecnologias com consciência, sem deixar de promover atividades que envolvam o livro impresso. Sob essa perspectiva, ela destaca o ato de ler histórias para as crianças antes de dormirem como determinante para a criação do que ela chama de *leitura profunda*. Segundo Wolf (2019), a leitura profunda consiste na habilidade que levaria os alunos a desenvolver a criticidade e a entender os usos sociais da leitura e da escrita, ou seja, a promover suas habilidades no letramento, seja ele qual for.

Tendo em vista essas noções, vamos adentrar um pouco mais o universo do letramento, especificamente do letramento digital.

umpontotrês
Letramento digital

Conforme explicamos anteriormente, o letramento se constitui nos usos sociais da leitura e da escrita. Considerando-se esse significado, o letramento digital se caracteriza pelos entendimentos das práticas sociais que ocorrem por meio de ferramentas digitais. Snyder (2010, p. 270), por exemplo, acredita que o letramento digital "corresponde à habilidade de usar e compreender informações em múltiplos formatos, oriundas de uma ampla variedade de fontes e apresentadas via computador". Mas vamos além: o letramento digital também estaria ligado à análise dos modos como as práticas sociais que envolvem a materialidade digital se desenrolam nas ações humanas. Vale salientar que pensar criticamente, segundo a autora, representa a atividade de letramento mais importante (Snyder, 2010). Nesse caso, vemos uma referência a outro modo de pensar sobre letramento: o letramento crítico.

Tendo em vista essa concepção, Tagata (2014) se embasa em Freire para afirmar que os letramentos críticos procuram valorizar as vozes e as vivências dos alunos, reconhecendo-os como cidadãos e agentes capazes de mudança. Nessa perspectiva, faz-se necessária a reflexão acerca de como elementos não convencionais, isto é, que não estão presentes na prática docente tradicional em sala de aula, podem e devem ser incorporados ao cotidiano escolar, como a utilização de textos variados cujo aspecto multimodal seja reconhecido e trabalhado.

Uma vez que a linguagem em si é multimodal, os diferentes modos semióticos para a expressão de sentidos coexistem em textos de diversas características, não somente em músicas, vídeos, jogos e textos mais interativos – os quais comumente são chamados de *multimodais*. O cuidado com a abordagem das características de tais textos e de como estas impactam as possíveis construções de ensino também é capaz de estimular uma criação mais livre e rica por parte dos estudantes quando solicitados a produzir textos diversos. Nessa ótica, a inserção de textos e recursos variados também poderia dirimir a lacuna existente entre o aparato tecnológico que os alunos experienciam fora da escola e os tipos de conhecimentos com os quais eles têm contato no espaço escolar. Com essas ideias em mente, na próxima seção, desenvolveremos algumas reflexões acerca do letramento crítico.

umpontoquatro
Letramento crítico

Menezes de Souza (2011a, p. 293) afirma que o letramento crítico consiste na "redefinição do processo de conscientização crítica". O autor retoma a pedagogia crítica de Freire e explica a necessidade de desenvolver a expressão *letramento crítico*. Segundo ele, vivemos em um tempo em que o caráter múltiplo (essencialmente humano) das práticas comunicativas contemporâneas requer um olhar que contemple essa multiplicidade, sendo preciso ir além de "perceber a verdade por trás da ilusão" (Menezes de Souza, 2011a, p. 290).

Entendemos o conceito de *ler-se lendo* (Menezes de Souza, 2011a) como fundamental para pensar o letramento crítico e sobretudo os próprios multiletramentos. É parte essencial da pedagogia dos multiletramentos desenvolver práticas de sala de aula que conduzam os alunos a exercitar o pensamento reflexivo, em que se "entende a língua como discurso, concebendo-a como uma prática social de construção de sentidos, sentidos que são atribuídos aos textos pelos sujeitos (em coparticipação com suas comunidades interpretativas)" (Jordão, 2016, p. 43). Consideramos que, especialmente para o educador, essa noção de autocrítica deve estar sempre presente – não como forma de (auto)punição, mas como forma de policiamento e reflexão constante acerca de suas escolhas como professor.

Duboc e Ferraz (2011) também retomam brevemente o histórico da progressão do entendimento de letramento desde a concepção proposta por Street. Os autores afirmam igualmente que o letramento crítico não é um método, mas uma postura diante dos textos, de modo a provocar reflexões a respeito de aspectos culturais nos quais ocorre o apagamento ou silenciamento de algumas vozes em contraposição à atitude de privilegiar ou destacar outras.

Considerando o ensino de línguas, Jordão (2013) apresenta um quadro elucidativo (Quadro 1.1) que identifica as diferenças entre três abordagens: abordagem comunicativa (AC), pedagogia crítica (PC) e letramento crítico (LC). A autora destaca que esse quadro, por sua própria natureza, também tem limitações quanto à possibilidade de abarcar todas as características inerentes a essas abordagens, podendo fazê-las parecer estanques quando elas não o são.

Além disso, embora a autora ressalte que o LC, diferentemente das outras duas, não possa ser considerado propriamente um método de ensino – uma vez que não se trata de uma receita a ser seguida pelos docentes – nem mesmo de uma abordagem, a designação dos três movimentos como tal e sua análise comparativa ajudam na compreensão dos pressupostos teóricos que embasam cada perspectiva.

Quadro 1.1 – Abordagens educacionais

	Comunicativa	Pedagogia Crítica	Letramento Crítico
Língua	Meio de comunicação	Código – instrumento da ideologia	Discurso – lócus de construção de sentidos
Sentidos	Na estrutura textual: contexto linguístico	Na materialidade linguística: ideologia social	Atribuídos/construídos pelo leitor (comunidades interpretativas)
Criticidade	Adaptação a contextos comunicativos	Desvendar a ideologia por trás da língua	Reflexividade perante (processos de) construção de sentidos

(continua)

(Quadro 1.1 – conclusão)

	Comunicativa	Pedagogia Crítica	Letramento Crítico
Sujeito aprendiz	Desconhece formas e contextos de uso da língua	É vítima da ideologia	Problematiza em reflexividade: agência pode ser estimulada pelo professor
Sujeito ensinante	Conhece formas e contextos de uso da língua	Está liberto da ideologia/ conscientizado	Problematiza em reflexividade: agência pode ser estimulada pelos alunos
Cultura	Compreender as diferenças: constatar e conviver	Diferenças (de classe) como rótulos ideológicos – busca homogeneidade: diminuir diferenças	Diferenças (classe, gênero etc.) como produtivas: compreender processos de construção; exercer agência nas representações
Função da educação	Ensinar a respeitar e conviver harmoniosamente com o diferente	Ensinar o funcionamento da ideologia (véu)/ libertar	Problematizar práticas de construção de sentidos/representação de sujeitos; (re)posicionar-se; "ler-se lendo"

FONTE: Jordão, 2013, p. 87.

Ao analisarmos o Quadro 1.1, percebemos que cada uma das perspectivas apresenta diferenças quanto ao modo como se enxergam a língua, os sentidos e a criticidade, assim como os sujeitos, a cultura e a função da educação. No LC, acredita-se que a língua vai além de ser um código ou ferramenta que possibilita a comunicação, pois se caracteriza como o espaço em que os sentidos são construídos e negociados pelos indivíduos.

Dessa forma, no LC, os interlocutores atribuem sentidos aos textos levando em conta seu conhecimento prévio, a comunidade a que pertencem, suas vivências, entre outros fatores. É por meio da reflexão sobre essas características que os sujeitos desenvolvem a criticidade, aqui entendida como um exercício constante de reflexividade. Tanto o sujeito que aprende quanto o que ensina estão envolvidos em uma constante tradução dos sentidos do outro e, em razão disso, são capazes de aos poucos ampliar seus repertórios dentro do universo de possibilidades de sentidos. Além disso, as diferenças entre esses indivíduos são vistas como produtivas no LC, já que elas auxiliam no processo reflexivo de construção das identidades e subjetividades. Por fim, de acordo com o LC, a educação serve para que o sujeito possa, ao "ler-se lendo", problematizar sentidos cristalizados nas práticas sociais que tendem a uniformizar representações tidas como as únicas válidas pelas instâncias hegemônicas – tal qual o entendimento de Street (2014) quando cita as características do letramento autônomo.

Especificamente com relação à aprendizagem de línguas, no LC, entende-se que aprender uma língua estrangeira "é perceber-se capaz de participar ativamente das práticas sociais (e portanto históricas, políticas, ideológicas e culturais) de construção de sentidos transitando entre linguagens e seus procedimentos de *meaning-making*" (Jordão, 2013, p. 82). Isso implica dizer que a aprendizagem de línguas, quando considerada a preocupação em estimular a criticidade dos sujeitos, pode promover o desenvolvimento dos alunos, uma vez que estes podem transitar entre diferentes discursos e ser capazes de perceber a própria natureza multifacetada e imbricada pelas vivências que os constituem – não somente da ordem do cognitivo, mas também ligada ao campo das interações com o outro (Jordão, 2016), produzidas nas e pelas diferentes linguagens e línguas.

Tendo em vista o que discutimos nesta seção, passaremos a uma discussão acerca da relação entre os letramentos digital e crítico.

umpontocinco
A relação entre letramento digital e letramento crítico

Anteriormente, vimos que o letramento digital corresponde aos usos sociais da leitura e da escrita no meio digital, podendo ser classificado como um dos tipos de letramentos existentes. Já o letramento crítico não é um tipo de letramento, e sim uma postura de intensa e constante reflexividade diante dos textos. Dessa forma, o letramento digital, por permitir o trabalho com diversas modalidades de texto no meio virtual, pode atuar como agente multiplicador das percepções dos indivíduos e, portanto, constitui-se em uma ferramenta poderosa para desenvolver o letramento crítico.

Vamos analisar o que Wolf (2019, p. 16) afirma sobre o letramento:

> *A origem não natural e, sim, cultural do letramento – primeiro aspecto enganosamente simples a considerar sobre a leitura – significa que os jovens leitores não têm um programa de base genética para desenvolver esses circuitos. Os circuitos do cérebro leitor são formados e desenvolvidos por fatores tanto naturais como ambientais, incluindo a mídia em que a capacidade de ler é adquirida e desenvolvida. Cada mídia de leitura favorece certos processos cognitivos em detrimento de outros. Traduzindo: o jovem leitor tanto pode desenvolver todos os múltiplos processos de leitura profunda que estão atualmente corporificados no cérebro experiente, completamente elaborado; ou o cérebro leitor iniciante pode sofrer um "curto-circuito" em seu desenvolvimento; ou pode adquirir redes completamente novas em circuitos diferentes. Haverá profundas diferenças em como lemos e em como pensamos, dependendo dos processos que dominam a formação do circuito jovem de leitura das crianças.*

Nesse trecho, a autora retoma o conceito de leitura profunda que mencionamos anteriormente e chama nossa atenção para o fato de que a habilidade de ler e escrever tanto em mídia física quanto em mídia digital exige um processo de aprendizagem subjacente. Tais habilidades não vêm em programas de fábrica e, logo, cabe aos professores conduzir os alunos em tais aprendizados.

É notória a mudança provocada em nossos comportamentos em virtude dos modos de comunicação e interação que vivenciamos nos últimos anos. Há uma ideia, frequentemente propagada no imaginário popular, de que as crianças e os adolescentes de hoje já nascem sabendo mexer com tecnologias digitais. De fato, vemos os jovens geralmente tendo mais facilidade de lidar com novidades no meio tecnológico, ao passo que também encontramos, com frequência, pessoas mais velhas tendo dificuldades em incorporar essas novas tecnologias em suas vidas.

Em razão dessas diferenças geracionais, Prensky (2001) criou termos para separar as gerações em diferentes categorias: *nativo digital* e *imigrante digital*. Segundo o autor, a geração Z poderia ser considerada nativa digital. Essa geração compreende os nascidos entre meados dos anos 1990 até 2010, que cresceram com acesso a celulares e internet e, portanto, teriam um saber quase que tácito para lidar com computadores e *smartphones*. Os imigrantes digitais, por sua vez, seriam aqueles que já eram adultos quando a tecnologia surgiu, fazendo-os migrar de uma cultura analógica, que lhes era familiar, para uma cultura digital, inédita e complexa.

Essa ideia, no entanto, acabou se provando um mito (Kirschner; De Bruyckere, 2017). Logicamente, pessoas mais jovens têm mais facilidade de lidar com o meio digital porque são cada vez mais impelidas a incorporar essas práticas em suas vidas, para que seja possível interagir na escola, no grupo de amigos, no trabalho, entre outras esferas sociais. No entanto, isso não significa que os jovens não precisem aprender a lidar com as tecnologias e tenham dificuldades com elas no começo.

O fato é que o ato de praticar constantemente a utilização de *gadgets*, aplicativos e *softwares* é o que geralmente coloca jovens em vantagem em relação a adultos e idosos. Outro fator é a introdução a esses aparelhos cada vez mais cedo, seja por intermédio de professores, seja por meio de pais/cuidadores. Diante de um ambiente favorável, a tendência é adquirir familiaridade com essas práticas, mas elas devem ser antes de tudo aprendidas, assim como qualquer habilidade que envolve um certo tipo de letramento.

Desse modo, todos nós, independentemente da geração à qual pertencemos, somos desafiados a nos adaptar e reinventar nossos hábitos sob pena de ficar à margem de práticas contemporâneas. Um exemplo disso é o de que canais oficiais de serviços passaram hoje a depender exclusivamente de *sites* da internet e/ou redes sociais. Caso o usuário não use a internet, pode ficar sem desfrutar desses serviços ou de outros benefícios.

Em 2020, com a pandemia do coronavírus (SARS-CoV-2), a importância da tecnologia foi reiterada com a transição do ensino presencial para o modelo emergencial remoto. Ficou evidente como a tecnologia pode nos ajudar em tempos de crise, permitindo que o ano letivo não se perdesse, ao mesmo tempo em que se evitava o contágio do vírus pela permanência de professores e alunos em casa, estudando em rede.

Cabe fazer aqui, portanto, uma reflexão sobre como esse período de ensino remoto pode ter afetado as aprendizagens dos estudantes em múltiplos níveis. De fato, todos desenvolveram várias habilidades relacionadas ao letramento digital, em virtude da necessidade. Mas será que isso afetou o modo como nos relacionamos com a leitura? Será que, como nos alerta Wolf (2019), estamos cada vez mais desatentos e suscetíveis a estímulos externos?

Tais indagações são imprescindíveis para que tratemos a tecnologia como uma aliada e a usemos a nosso favor, consciente de suas potencialidades tanto em relação a comportamentos que desejamos estimular quanto em relação àqueles que desejamos evitar.

Síntese

Neste capítulo, analisamos o conceito de letramento e nos aprofundamos detalhadamente em duas noções a ele associadas: letramento digital e letramento crítico. Vimos que, em linhas gerais, o letramento é caracterizado pelos usos sociais da leitura e da escrita. Assim, o letramento digital seria um tipo possível de letramento, compreendido como as práticas sociais de leitura e escrita desenvolvidas no meio digital, por meio de aplicativos e programas variados. Por sua vez, o letramento crítico seria uma maneira de encarar os textos segundo a qual, para que possamos ler os contextos relacionados aos textos e, consequentemente, desenvolver o senso crítico, devemos fazer um exercício constante de reflexão.

Atividades de autoavaliação

1. Qual é a principal diferença entre alfabetização e letramento?
   a. Enquanto a alfabetização se refere ao aprendizado das letras, o letramento tem a ver com a sua produção.
   b. A alfabetização corresponde à aprendizagem escrita do alfabeto, enquanto o letramento significa o ato de falar as letras.
   c. O letramento se caracteriza pelos usos sociais da leitura e da escrita, e a alfabetização é parte desse processo, uma vez que se configura como o domínio da habilidade de produzir as letras e reconhecê-las, de forma escrita e oralmente.
   d. O letramento consiste na aprendizagem do contexto, que nem sempre é social, enquanto a alfabetização é sempre socializada.
   e. A alfabetização, idêntica ao letramento, consiste em ensinar a ler o mundo, por meio do desenvolvimento de um vocabulário sofisticado e sempre dentro da norma-padrão.

2. Segundo Lankshear e Knobel (2011), há cinco elementos responsáveis pelo aumento das pesquisas relacionadas ao letramento. Qual das alternativas a seguir não se refere a um desses elementos?
   a. A crise do letramento dos anos 1970.
   b. Relações entre letramento, crescimento econômico e bem-estar social.
   c. A teoria sociocultural de Gee.
   d. Paulo Freire e o movimento da educação radical.
   e. Relações entre letramento e baixa evasão escolar.

3. Qual é a crítica tecida por Street (2014) aos primeiros estudos de Freire?
a. Freire considerava que só ler o mundo era importante.
b. As ideias de Freire ensinam os alunos a serem rebeldes.
c. Freire entendia que a leitura da palavra precedia a leitura do mundo.
d. As ideias de Freire propagavam uma visão ocidental de que somente por meio do letramento as pessoas poderiam ascender socialmente.
e. Freire desconsiderou a aprendizagem do alfabeto, pois seu foco era fazer os alunos se comunicarem oralmente.

4. Todas as alternativas a seguir constituem preocupações de Wolf (2019) com relação à leitura no mundo digital, **exceto**:
a. Ler e escrever digitalmente só tem a prejudicar as habilidades cognitivas dos futuros leitores.
b. Crianças deveriam ser expostas a telas somente a partir dos 2 anos e de forma gradual.
c. O letramento digital é imprescindível no século XXI.
d. Ler em telas pode comprometer a habilidade de leitura profunda das crianças.
e. O livro impresso e o livro digital devem fazer parte da vida dos leitores do futuro.

5. A função da educação no letramento crítico, segundo Jordão (2013), seria:
   a. problematizar práticas de construção de sentidos/representação de sujeitos; (re)posicionar-se; "ler-se lendo".
   b. ensinar o funcionamento da ideologia, que opera como um véu que cobre a linguagem.
   c. ensinar a respeitar e a conviver harmoniosamente com o diferente.
   d. desvendar a ideologia por trás da língua.
   e. compreender as diferenças entre constatar e conviver.

Atividades de aprendizagem

Questões para reflexão

1. Tendo em mente as ideias de Paulo Freire e as sementes que elas deixaram para o letramento crítico, considere os preceitos da pedagogia crítica. Seu foco reside na inversão da relação de poder e na resolução de problemas reais enfrentados pelas pessoas que extrapolam os limites da sala de aula e da escola. Mas e atualmente? Esse método poderia ser implementado na educação regular? Os problemas que enfrentamos hoje podem ser reduzidos a uma discussão de classes (oprimido *versus* opressores)? Para auxiliar em sua reflexão, assista ao vídeo indicado a seguir:

   MÉTODO Paulo Freire [em passos]. Disponível em: <https://www.youtube.com/watch?v=ca3LTLa1Zmc>. Acesso em: 16 set. 2022.

2. Tendo em vista as ideias de Maryanne Wolf acerca do cérebro no mundo digital, identifique com que usos da tecnologia observados nas escolas você teve (ou tem) contato. Em sua opinião, há oportunidade para os alunos desenvolverem o letramento crítico de forma saudável? Pense em um exemplo prático.

Atividade aplicada: prática

1. Pense em um incidente ocorrido na comunidade em que você mora. Considerando esse problema, descreva como organizar uma ação educativa utilizando o método Paulo Freire. Tome por base os cinco passos propostos:

+ vivência;
+ temas geradores;
+ problematização;
+ conscientização;
+ ação política (práxis).

Em seguida, elabore um esquema com a ação educativa delineada por você.

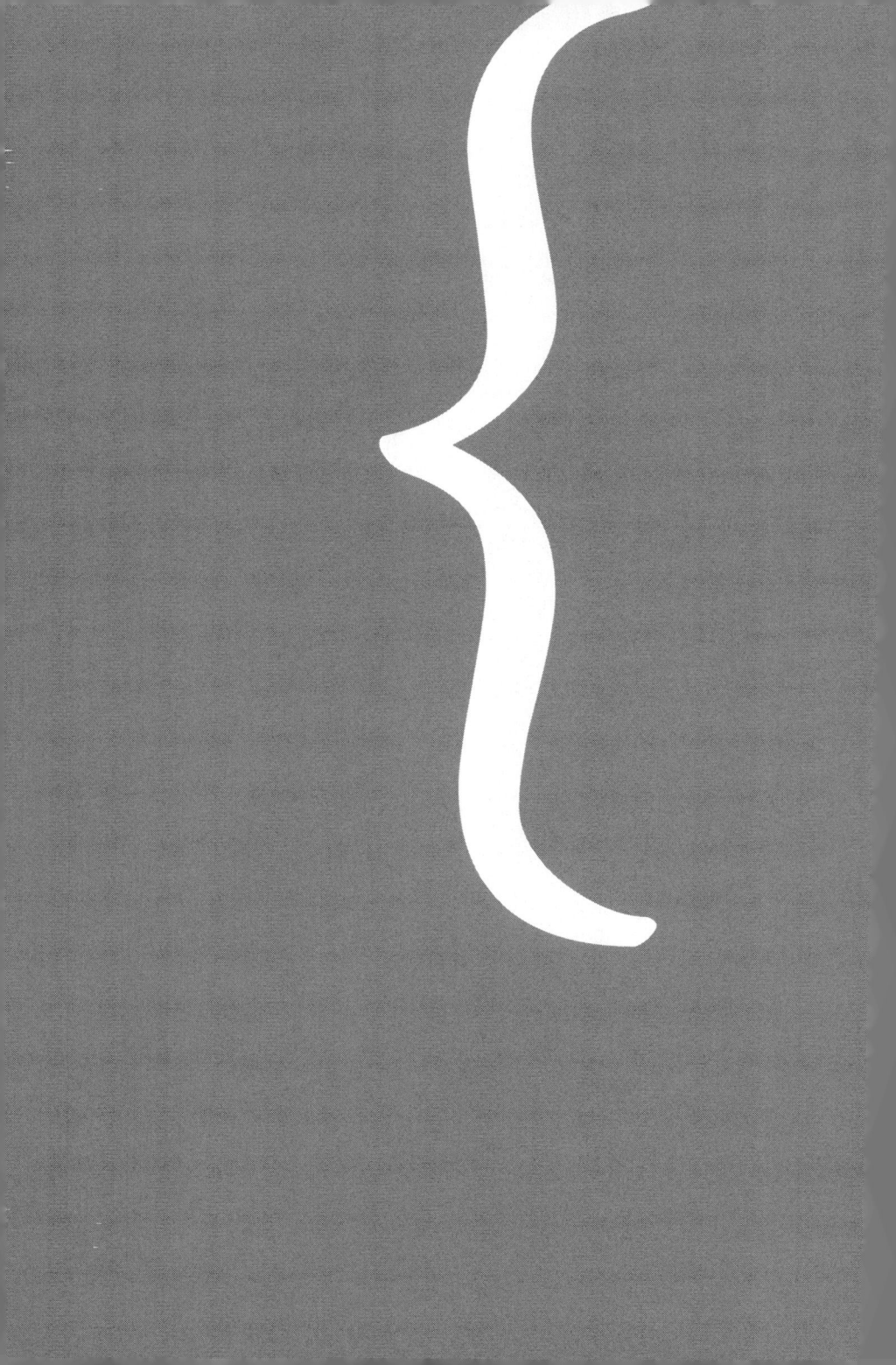

um Do letramento aos novos letramentos
dois **Multiletramentos e multimodalidade**
três Multimodalidade e hipertexto: conceitos e convergência das mídias
quatro Hipermodernidade, hiperinformação e culturas de rede
cinco Multiletramentos e gêneros multimodais no contexto digital
seis Práticas pedagógicas e tecnologias digitais de informação e comunicação

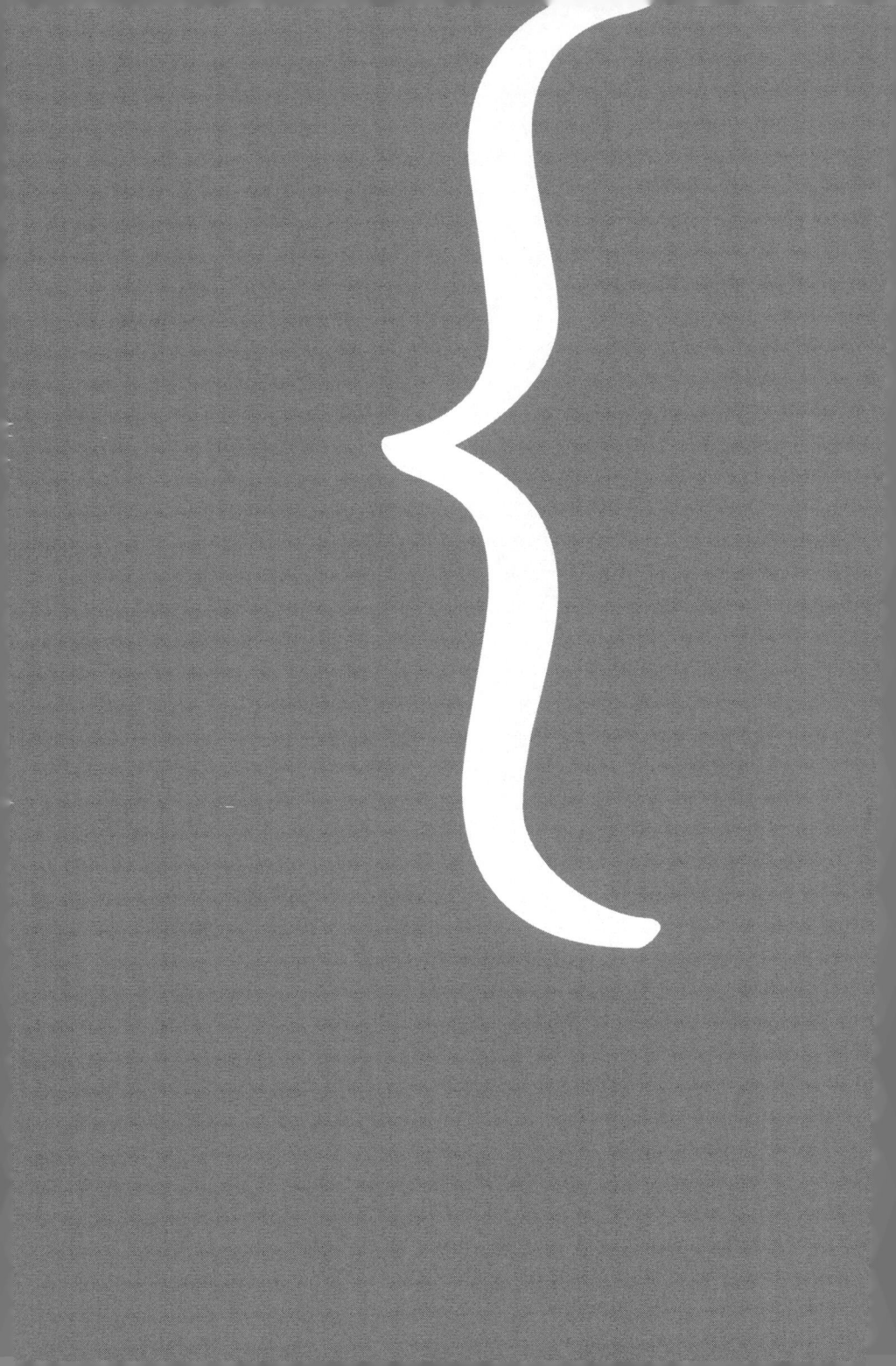

{

❰ NO CAPÍTULO ANTERIOR, tratamos do estudo da palavra *letramento*. Neste capítulo, vamos articular esse estudo ao conceito-chave desta obra: multiletramentos. Vale ressaltar que as teorias de multiletramentos que embasam este livro buscam promover a agência dos alunos em sala. Isso indica que, embora Freire (1996) tenha compartilhado tais visões há um bom tempo, as práticas pedagógicas parecem persistir em sua condição de operações bancarizadas, tal qual a maioria das trocas que fazemos no capitalismo financeiro contemporâneo.

É preocupante, ainda, que as práticas que almejam estar em consonância com as teorias dos multiletramentos releguem um papel apenas secundário ou mesmo inexistente aos aspectos da agência, da identidade e da subjetividade humanas. Um exemplo desse tipo de prática seria aquela em que ocorre a inclusão de recursos tecnológicos sem que seu verdadeiro potencial interativo ou inovador seja explorado.

Frequentemente, tal inclusão acaba apenas por transpor uma prática tradicional de ensino, que, originalmente aplicada por meio do uso de giz e quadro negro, adquire tão somente uma nova roupagem em um suporte digital, o que não condiz com a epistemologia subjacente às teorias de multiletramentos com as quais coadunamos.

Neste segundo capítulo, portanto, refletiremos sobre a ligação entre o conceito de letramento e o desenvolvimento da ideia de multiletramentos.

doispontoum
Letramento e multiletramentos

Anteriormente, vimos que o letramento se caracteriza pelos usos sociais da leitura e da escrita. O que seriam, então, os multiletramentos? Antes de responder a essa pergunta, é importante entender de onde esse conceito surgiu.

O Grupo de Nova Londres (daqui em diante, GNL) é um dos mais reconhecidos por discutir o termo *multiletramentos*. Esse grupo foi formado em 1994 por vários estudiosos que percebiam mudanças significativas nos modos de comunicação do milênio que estava por vir. Com base nessas percepções, seus participantes decidiram se reunir para discutir as implicações de tais mudanças para o campo da educação.

A reunião desses pesquisadores gerou a publicação de um manifesto, em 1996, no qual consta a disseminação das principais ideias que resultaram de suas conversas. O texto desse manifesto advoga por uma pedagogia dos multiletramentos, ou pedagogia do *design* (The New London Group, 1996).

Partindo-se do conceito de *design*, alunos e professores são vistos como *designers* de significados. Podemos entender esse conceito como o "desenho" de significados. No entanto, tal noção não está ligada apenas ao aspecto imagético ao qual o termo parece imediatamente vinculado quando pensamos na etimologia da palavra *design*, e sim a uma capacidade de criar significado.

Kalantzis, Cope e Pinheiro (2020) justificam a escolha do termo *design* em virtude de seu significado duplo: como substantivo e como verbo. No primeiro caso, diz respeito ao componente morfológico aliado ao termo, uma vez que todas as coisas que existem apresentam um *design* característico, ou seja, forma e estrutura próprias, passíveis de serem estudadas. Já na acepção como verbo, o *design* estaria filiado ao estudo das ações tomadas na comunicação de modo a representar sentidos.

A ideia da pedagogia dos multiletramentos, segundo Cope e Kalantzis (2000), preconiza considerar modos mais abrangentes de representação e produção dos sentidos, desvinculados da ideia canônica de linguagem que privilegia apenas a dimensão verbal, seja ela escrita ou falada. Em publicação recente, os autores destacam ao menos sete **modos de significação** (Figura 2.1) que estariam em jogo quando pensamos na construção de sentidos, a saber: "escrito, visual, espacial, tátil, gestual, auditivo e oral" (Kalantzis; Cope; Pinheiro, 2020, p. 181).

Figura 2.1 – Modos de significação

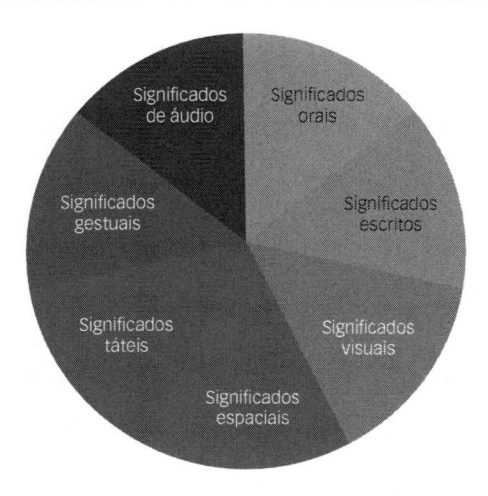

```
                Significados    Significados
                de áudio        orais

   Significados                      Significados
   gestuais                          escritos


      Significados              Significados
      táteis                    visuais

                Significados
                espaciais
```

FONTE: Kalantzis; Cope; Pinheiro 2020, p. 181.

Assim, a ideia de multiletramentos está conectada à ampliação das formas como produzimos significados. Ou seja, não basta apenas compreender os letramentos atrelados à leitura e à escrita – também é preciso compreender outras modalidades de produção de sentido, as quais podem ocorrer por meio de sons, imagens, vídeos, noções de espaço, cor, gestos, entre outros.

Além da existência dos diferentes modos de significado, os autores supracitados trazem a noção de **sinestesia**, com base em estudos da psicologia e da neurociência, para tratar das possíveis relações e correspondências multimodais advindas do entrecruzamento desses diferentes significados. Na visão dos autores, a sinestesia é conceituada de modo mais amplo como:

> Um processo de alternância e de mistura de diferentes modos de significação, constituindo, assim, uma forma de expressar um significado em um modo, depois em outro. Por exemplo, é possível descrever uma cena em palavras ou retratar a mesma cena por meio de uma pintura; a pessoa que interpreta o significado visualiza a cena de maneira diferente se ouve as palavras ou se vê uma pintura da cena, ainda que sejam tentativas de representar e comunicar a mesma coisa. (Kalantzis; Cope; Pinheiro, 2020, p. 184)

O uso do termo *design*, de acordo com os autores, evitaria a compreensão dos sentidos como limitados a disciplinas tradicionais de estudos da linguagem, como fonologia, morfologia e sintaxe. A análise do *design*, por sua vez, ocorreria pelo estudo dos modos pelos quais tais diferentes categorias de significado poderiam se entrelaçar, dando vida à comunicação e à produção de sentidos.

Além disso, a pedagogia dos multiletramentos leva em conta a diversidade cultural e o multilinguismo característicos de uma sociedade cada vez mais globalizada, na qual as fronteiras entre os Estados-nação são menores. Esse cenário faz com que cada vez mais o pluri ou multilinguismo seja uma característica reconhecidamente comum entre os seres humanos em diferentes espaços do globo. Saber lidar com essa pluralidade linguística e, consequentemente, cultural é algo que deve, conforme Kalantzis, Cope e Pinheiro (2020), ser considerado na formação de professores para os panoramas atual e futuro.

Com o desenvolvimento das ideias relativas à pedagogia dos multiletramentos e sua transposição para distintos espaços pedagógicos, surgiram também novos olhares acerca das implicações do fazer pedagógico baseado nas premissas apresentadas por Cope e Kalantzis (2000). Nessa ótica, outra expressão que foi criada é *múltiplos letramentos*. Vejamos, a seguir, as origens de tal conceito.

Ao problematizarem o *ethos* referente às ideias difundidas pelo GNL (The New London Group, 1996), Leander e Boldt (2013), por exemplo, elaboram uma releitura da pedagogia dos multiletramentos e abordam uma perspectiva distinta ao considerarem as práticas sociais dos alunos em relação às diferentes semioses existentes. Com base em leituras de Deleuze, Guattari e Massumi, os autores analisam um dia na vida de duas crianças, Lee e Hunter, em momentos nos quais elas interagem entre si e com desenhos animados japoneses e mangá. Por meio de uma metodologia denominada *esboço estratégico* (em inglês, *strategic sketch*), eles focalizam as sensações e os movimentos corporais das crianças na contingência das práticas humanas e, portanto, recusam-se a tentar racionalizar ou sistematizar os comportamentos das pessoas em relação aos múltiplos letramentos nos quais elas interagem (Leander; Boldt, 2013).

Desse modo, a crítica dos autores aos eixos de Cope e Kalantzis (2000) está centrada em dois pontos: primeiro, eles argumentam que as práticas de letramentos dos jovens não podem ser consideradas como sujeitas a um *design* racional ou intencional; em segundo lugar, os autores problematizam as implicações de se pensar a prática pedagógica como fruto de *designs* racionais ou intencionais. Nas palavras de Leander e Boldt (2013, p. 26, tradução nossa), a atividade de letramento se constitui, basicamente, em "viver a vida no momento presente, formando relações e conexões através de signos, objetos e corpos em maneiras frequentemente inesperadas"*.

Sob essa perspectiva, Leander e Boldt (2013) defendem uma abordagem não representacional em relação aos textos. Isso significa dizer que estes não simplesmente representam o mundo, mas alteram e fazem parte deste mesmo mundo. Os autores percebem os textos como atuantes no mundo, sendo, portanto, incapazes de descrever ou representar todas as nuances das práticas de letramento nas quais estão inseridos. A respeito dos textos, Leander e Boldt (2013, p. 36, tradução nossa) mencionam que

> são participantes do mundo, um pedaço de nossa assemblage em constante mudança, junto com objetos materiais, corpos e sensações. Uma abordagem não representacional descreve a atividade de letramento não como sendo determinada por um desenho passado projetado a um futuro redesenhado, mas como a vida vivida no momento presente, formando relações e conexões através de signos, objetos e corpos de modos frequentemente inesperados. Tal atividade surge e se alimenta de um

---

* No original: "*life in the ongoing present, forming relations and connections across signs, objects, and bodies in often unexpected ways.*"

fluxo contínuo de intensidades afetivas que são diferentes do controle racional de sentidos e formas.*

Os autores questionam, pois, a ideia de que as transformações dos *designs* em *redesigns* são processos conscientes, estruturados, organizados de forma cartesiana. Em vez disso, eles acreditam que tais processos não seguem uma linearidade, além de não serem planejados conscientemente em cada etapa, uma vez que são simplesmente "encenados" (*enacted*) ou "vividos" pelos sujeitos em cada interação.

Ademais, partindo de um viés pós-estruturalista, ao enxergarem os processos relativos ao fazer pedagógico, os autores questionam a relevância dada por Cope e Kalantzis (2000) aos recursos que promovem a multimodalidade utilizados em sala. Leander e Boldt (2013) afirmam que é a postura do educador, em vez dos eventuais recursos de que ele se utilizaria, que deveria estar no centro de uma pedagogia de multiletramentos, pois é ela que vai determinar a abertura de espaços para olhares diferentes, não normativos, surpreendentes e instigantes. Dessa forma, entendemos que os autores privilegiam aquilo que o professor faz em sala de aula ao perceber as oportunidades de abrir espaço

---

* No original: "Texts are participants in the world, one piece of our everchanging assemblage, along with material objects, bodies, and sensations. A nonrepresentational approach describes literacy activity as not determined by past design projected toward some future redesign, but as living its life in the ongoing present, forming relations and connections across signs, objects, and bodies in often unexpected ways. Such activity is created and fed by an ongoing flow of affective intensities that are different from the rational control of meanings and forms."

para as diferentes subjetividades e visões trazidas pelos alunos. Nas palavras de Leander e Boldt (2013, p. 43-44, tradução nossa):

> *A questão não é sobre quais recursos utilizamos em sala de aula. Em vez disso, para estar no momento pedagógico na sala de aula, o professor deveria considerar se ele ou ela e os alunos são capazes de organizar os materiais em uma "composição do desejo" [...]. O professor é capaz de criar espaço para a fluidez e indeterminação como um estado natural das coisas? Ele ou ela é capaz de reconhecer a diferença, surpresa, e desvelar que seguem por caminhos não racionais/lineares ou obviamente críticos ou políticos?**

Nessa mesma linha, Masny (2010) propõe uma visão de letramentos que é epistemológica e ontologicamente distinta tanto dos novos estudos de letramento de Street (2014) quanto da pedagogia dos multiletramentos do GNL e de sua expansão defendida por Cope e Kalantzis (2000). Masny (2010) nomeia essa teoria de *letramentos múltiplos* e a situa no paradigma pós-estruturalista. Segundo a autora, "letramentos são sobre ler, ler o mundo e ler a

---

* No original: "*The issue is not only what resources are in use in classrooms. Rather, to be within the pedagogical moment in that classroom, a teacher would need to consider whether he or she and the children are able to bring the materials into a 'composition of desire' (Deleuze & Guattari, 1987, p. 399). Can the teacher make space for fluidity and indeterminacy as the nature of things? Can he or she recognize difference, surprise, and unfolding that follow along paths that are not rational or linear or obviously critical or political?*"

si mesmo enquanto textos"* (Masny, 2010, p. 339, tradução nossa), e isso implicaria uma constante ruptura e movimentação, características que não aparecem com destaque na pedagogia dos multiletramentos do GNL.

Este é o convite feito pelo paradigma pós-estruturalista: que se olhem os eventos em sua radical contingência, para os quais quaisquer tentativas de essencialização ou generalização acabam se mostrando compreensões limitadas das realidades possíveis.

Na esteira desse pensamento, Menezes de Souza (Geelle..., 2021) aponta a seguinte crítica à pedagogia dos multiletramentos: esse quadro de referência não se detém a analisar o fato de que os diferentes letramentos não têm o mesmo valor em espaços diferentes. Assim, pensar nas diferentes modalidades de produção de sentido também deve engendrar um olhar atento para a localidade em que tais modalidades entram em cena. Isso porque, a depender do lócus, uma modalidade poderá ter mais ou menos importância ou impacto. Além disso, considerar generalizações de eventos linguísticos vai de encontro a ideias já quase aceitas tacitamente, como a de que um evento linguístico é único e irrepetível (Volóchinov, 2017).

Ao problematizarem a pedagogia dos multiletramentos, García e Kleifgen (2020), por sua vez, apresentam o conceito de *translanguaging* e a ideia de *letramento translíngue* como um passo à frente da pedagogia dos multiletramentos para o desenvolvimento

---

* No original: "*In short, literacies (e.g. personal, community, school-based, digital etc.) are about reading, reading the world, and self as texts.*"

tanto do letramento nas salas de aula quanto para a pesquisa sobre letramento.

A ideia central das autoras é que, embora muito esclarecedoras e fundamentais para o atual entendimento de letramento, as teorias que se embasam no conceito *multi*, ou seja, na ênfase da multiplicidade de culturas e de modos semióticos, são insuficientes para a reflexão acerca de temas como colonialidade, os quais são intrínsecos à história das línguas e do conhecimento ao longo dos anos. Além disso, na percepção de García e Kleifgen (2020), tais teorias reforçam uma compartimentalização dos diferentes saberes possíveis em "caixinhas" e endossam a longa tradição acadêmica de promover separações e dicotomias no ensino, a exemplo da distinção feita entre oralidade e escrita, dos diferentes modos de produção de significado (verbal, imagético, sonoro, gestual etc.), da separação das línguas nacionais como códigos que não se misturam, entre outras.

Ainda conforme García e Kleifgen (2020), essas características podem ser notadas pela preocupação dos estudiosos do GNL com as nuances de cada um dos modos semióticos em separado, sem o foco em uma visão mais abrangente de repertório linguístico. Tais separações estão calcadas em modelos monolíngues e monoglóssicos de ensino, privilegiando os conhecimentos de um estudante de classe média padrão ocidental, ao passo que oprimem e deslegitimam o rico repertório usado por estudantes bi ou multilíngues que, por conta de suas origens, estão acostumados a transitar entre códigos – muitas vezes, utilizam uma língua nomeada em casa, com os pais, mas outra na escola.

> **Importante**
>
> Línguas nomeadas são o que comumente chamamos de *idiomas*, baseados nas definições dos Estados-nação; como exemplos, podemos citar o português, o francês, o inglês, o mandarim, entre outros. Uma língua nomeada é "definida pela afiliação social, política ou étnica de seus falantes", além de ser "social ou sociopoliticamente construída, mantida e regulada"* (Otheguy et al., 2015, p. 286, tradução nossa).

As autoras reconhecem o avanço proposto pelas teorias de multiletramentos no sentido de abarcar línguas diferentes e validá-las, mas acusam essas teorias de ainda se concentrarem na separação e compartimentalização de modos de produção de significado e de nomeação de línguas. Dessa maneira, García e Kleifgen (2020) defendem a teoria de *translanguaging* como uma perspectiva que leva em conta as características dos povos marginalizados e oprimidos por tais distinções e aponta como estas erroneamente têm classificado estudantes monolíngues como sendo deficitários na escola, quando, na verdade, seu repertório de conhecimentos e sua habilidade de transitar entre diferentes linguagens e formas de produção de sentido vêm sendo negligenciados e silenciados por políticas que, ao renegarem a diversidade,

---

* No original: *"is defined by the social, political or ethnic affiliation of its speakers [...] socially or socio-politically constructed, maintained, and regulated."*

prezam pela uniformização e manutenção do *status quo* (García, 2009, 2017; Vogel; García, 2016; Canagarajah, 2011; Li, 2017).

Reconhecemos que as teorias do GNL e dos múltiplos letramentos partem de distintos lugares para situarem suas reflexões. Uma não exclui a outra, embora, ao adotarmos uma perspectiva, nos pareça difícil trabalhar concomitantemente com a outra, pois as preocupações das duas correntes são diferentes, conforme brevemente mencionado no final da seção anterior. Enquanto o enfoque do GNL está nos dois *multis* (multidiversidade social e multimodalidade) para a capacitação pessoal, a participação cívica e a equidade social, as teorias pós-estruturalistas estão focadas no embate e nas implicações observadas quando se consideram as estruturas de poder e opressão que permeiam os diversos letramentos existentes.

As críticas feitas ao que foi sistematizado inicialmente pela pedagogia dos multiletramentos nos parecem legítimas, uma vez que os quadros de referência relativos às pesquisas pós-estruturalistas se debruçam sobre temas como agência, vozes, problematização de estruturas cristalizadas da sociedade, opressões, violências estruturais e epistêmicas (Castro-Gómez, 2005). Ainda que a pedagogia dos multiletramentos se preocupe em entender de que modo as pessoas aprendem – e isso inclui pensar no lócus de enunciação e nos movimentos de empoderamento e de luta antiopressão que nos guiam –, ela parte de um lugar distinto nos estudos pós-estruturalistas.

Como o professor é o elemento central a lidar com essas diferentes teorias de letramento de modo a entendê-las como fluidas, não monomodais, não estáticas e não neutras, faz-se imperativo pensar na formação do professor de inglês, pois se espera que ela apresente caminhos e alternativas para que os docentes possam realizar sua prática pedagógica da maneira mais proveitosa possível.

doispontodois
As propostas do Grupo de Nova Londres

Transpondo a ideia de *design* para a sala de aula, o GNL inicialmente propôs uma pedagogia dos multiletramentos pautada em quatro pilares que se complementam entre si. Anos mais tarde, em 2015, tais pilares foram repensados por Cope e Kalantzis (2015) de modo a abarcar entendimentos mais amplos acerca dos movimentos feitos por meio da pedagogia dos multiletramentos – movimentos chamados de *knowledge processes* (processos do conhecimento): experienciar, conceituar, analisar e aplicar (Figura 2.2).

FIGURA 2.2 – OS PROCESSOS DO CONHECIMENTO

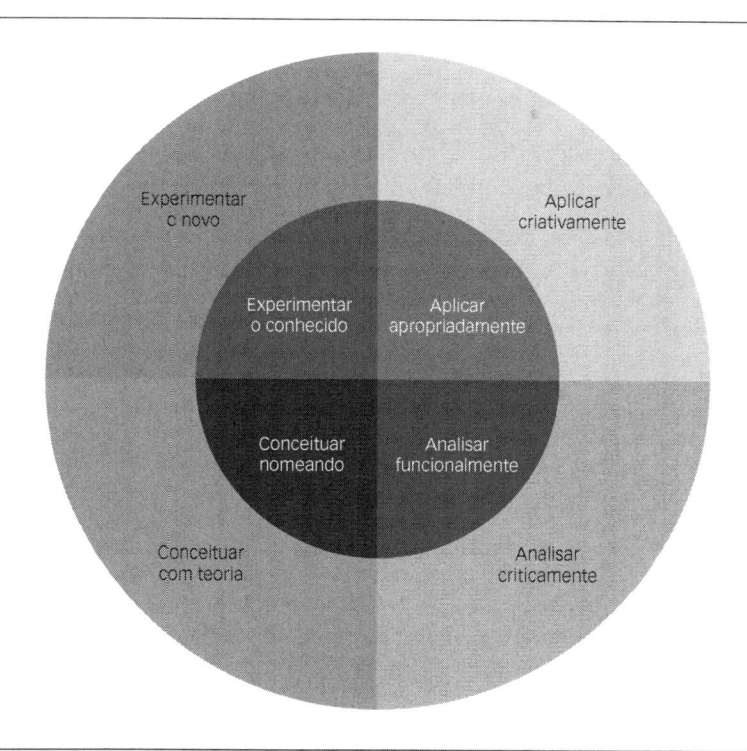

```
          Experimentar                    Aplicar
            o novo                       criativamente

                    Experimentar    Aplicar
                    o conhecido   apropriadamente

                    Conceituar     Analisar
                    nomeando      funcionalmente

          Conceituar                     Analisar
          com teoria                    criticamente
```

FONTE: Cope; Kalantzis, 2015, p. 5, tradução nossa.

A ideia de reconhecer esses quatro eixos pode ajudar os professores a lidar com formas variadas de entrar em contato com os materiais de trabalho. É importante tentar compreender essa divisão não como um enquadramento prescritivo e paralisante das formas de se pensar as práticas pedagógicas, mas como uma tentativa de "ajudar os professores a construir o hábito de refletir explicitamente sobre o impacto de suas escolhas nos resultados do conhecimento" (Kalantzis; Cope; Pinheiro; 2020, p. 126).

Conforme Kalantzis, Cope e Pinheiro (2020, p. 24), as "novas pedagogias" precisam dar conta de um mundo em constante transformação. Sob essa perspectiva, conviver com o imprevisível, o flexível e a diferença deve ser o desafio do ensino contemporâneo e, ao menos, do futuro próximo. Concordamos com os autores quando eles afirmam que o tipo de pessoa que educamos nas escolas não pode mais ser aquele que decora e aceita passivamente conhecimentos canônicos como norteadores, uma vez que é fundamental contribuir para a educação de pessoas abertas a lidar com a mudança por meio de um vasto repertório comunicativo.

Tendo isso em mente, a seguir, descreveremos brevemente os quatro eixos apresentados e suas relações com a transposição para atividades de sala de aula, com base em Kalantzis, Cope e Pinheiro (2020).

O **eixo experiencial** enfatiza o fato de que a cognição é contextual. Isso implica a necessidade de entrelaçar a aprendizagem escolar com as experiências práticas dos alunos em sua vida dentro e fora da escola, além de relacionar experiências conhecidas àquelas que os alunos ainda desconhecem. Na prática, isso significaria partir de um conhecimento familiar ou mais "fácil" para o aluno, de modo a poder introduzir um conhecimento desconhecido por meio de imersão e visitação, assim como do contato com conteúdos novos e desafiadores.

Já o **eixo conceitual** advém da ideia de que o conhecimento especializado é baseado em afinados termos específicos e, portanto, é preciso levar esse tipo de conhecimento à sala de aula, sem tomá-lo como o único possível, mas articulando-o ao senso comum, a fim de, ao longo desse processo, promover a aprendizagem.

Dito de outro modo por Cope e Kalantzis (2015, p. 4, tradução nossa):

> *Conceituar não é meramente uma questão de narrativa da sala de aula ou do livro didático, baseada em disciplinas acadêmicas consolidadas, mas um Processo de Conhecimento no qual os alunos se tornam conceitualizadores ativos, tornando o tácito explícito e generalizando a partir do particular.**

Assim, conceituar aqui não se configura como um fim em si mesmo, mas como um movimento pedagógico relevante e necessário no processo de ensino-aprendizagem. Igualmente, opõe-se à educação bancária à qual Freire (1996) se referia, como vimos anteriormente, concedendo ao aluno um papel ativo de autoria na construção dos conceitos. Isso ocorreria empiricamente, incluindo desde atividades como nomear diagramas e elaborar glossários até a criação de mapas mentais e conceituais e da escrita de sumários.

O **eixo analítico**, por sua vez, tem como foco a noção de que a aprendizagem é mais significativa quando é crítica. Com base em Cazden (2006), os autores indicam duas possibilidades de entendimento do fazer crítico: ele pode se configurar como uma

---

* No original: *"Conceptualizing is not merely a matter of teacherly or textbook telling based on legacy academic disciplines, but a Knowledge Process in which the learners become active conceptualizers, making the tacit explicit and generalizing from the particular."*

análise de funções ou como a percepção das relações de poder em dado evento. Nesse contexto, o professor poderia pedir aos alunos que criassem modelos explicativos, diagramas técnicos e articulados com dados, além de *storyboards**.

Por fim, o **eixo aplicado** relaciona-se às situações do cotidiano, traduzidas como a produção de textos ou soluções de problemas e sua circulação e aplicação em processos comunicativos que não se restringem ao ambiente da sala de aula. Isto é, tal eixo envolve tanto criar, desenhar ou elaborar soluções por meio de estratégias conhecidas quanto pensar em formas inovadoras e criativas para lidar com os desdobramentos dos problemas já enfrentados, assumindo-se riscos intelectuais ao navegar por diferentes modos de significação.

Considerando agora a diferenciação dos termos dentro dos quadrantes expostos na Figura 2.2, entendemos que **experimentar o conhecido** tem a ver com trazer para a sala de aula a experiência de vida dos alunos, construindo-se perspectivas novas com base nos conhecimentos que fazem parte do cotidiano não escolar deles. Já **experimentar o novo** tem conexão com a ideia de zona de desenvolvimento proximal de Vygotsky, visto que o aluno é estimulado a aprender por estar imerso em um domínio de experiência não familiar, seja este real (lugares, comunidades, situações) ou virtual (textos apresentados, imagens, dados, fatos ou outros significados representados).

---

* Sequência narrativa de quadros com desenhos que descrevem as cenas de conteúdos pensados para a divulgação em vídeo, de forma semelhante à organização de histórias em quadrinhos.

A função de **conceituar nomeando** consiste em um processo de conhecimento em que o aluno aprende a usar termos abstratos e generalizantes. Por sua vez, **conceituar com teoria** constitui um processo de conhecimento por meio do qual os nomes dos conceitos são vinculados em uma linguagem de generalização. Ou, indo além da linguagem, as relações semânticas dos conceitos podem ser representadas de forma visual-icônica e diagramática.

Já **analisar funcionalmente** se refere a um processo de conhecimento que examina a função de uma parte do conhecimento, da ação, do objeto ou do significado representado. Por exemplo, analisar uma representação de conhecimento multimodal pode envolver o exame das escolhas feitas pelos criadores na concepção de seus textos e os efeitos de tais escolhas na representação de significados. Por seu turno, **analisar criticamente** consiste no processo que interroga as intenções e os interesses humanos. Ligada à noção de ideologia, essa função encontra ressonância nos movimentos epistêmicos da pedagogia crítica de Freire.

A ideia de **aplicar apropriadamente** corresponde a um processo de conhecimento no qual este é posto em prática ou realizado de forma previsível ou típica em um contexto específico. Já **aplicar criativamente** acontece quando o conhecimento e as capacidades de um contexto específico são adaptados a um cenário bem diferente – como um lugar distante daquele de onde tais conhecimentos ou capacidades se originaram ou, ainda, um ambiente desconhecido para os alunos. Como exemplo, podemos pensar nos inúmeros usos de memes que surgiram com as redes sociais como aplicações criativas de conhecimentos existentes transpostos para outros contextos, frequentemente por meio da intertextualidade – diante da relação estabelecida entre imagens estáticas e texto escrito.

Cada um desses eixos se refere a atividades que podem ser realizadas em sala de aula com os alunos de modo que eles desenvolvam suas habilidades. É importante observar que tais eixos não dizem respeito a fórmulas ou receitas a serem aplicadas na elaboração de práticas pedagógicas.

A pedagogia do *design* consiste em uma classificação de diferentes tipos de atividades e de coisas que os alunos podem fazer para conhecerem. A esse respeito, Kalantzis, Cope e Pinheiro (2020, p. 74) explicitam que entendem essa pedagogia como "epistemologia" ou como "as coisas que eles são capazes de fazer no mundo para conhecê-lo". Ou seja, não há uma prescrição da ordem das atividades, tampouco dos tipos de atividades a que o professor deve recorrer. As escolhas vão variar conforme o assunto e as características dos alunos, mas é possível tomar essa proposta como um ponto de partida ou guia para a elaboração de atividades diversificadas que englobem os quatro eixos.

Embora o GNL tenha avançado quanto à compreensão sobre os letramentos na contemporaneidade, não há uma crítica feita por esse grupo acerca da própria configuração do que vem a ser contemporâneo. Até o momento, os autores vinculados ao GNL não se debruçaram sobre a problematização da globalização e seus efeitos na atualidade. A preocupação reside em preparar os alunos para os novos futuros possíveis, mas não há uma agenda dedicada a questionar a ordem vigente, por meio de um exercício constante de reflexividade, como fazem os autores vinculados ao paradigma pós-estruturalista, mencionados anteriormente.

    Ainda assim, é muito produtivo considerar as diversas modalidades nas quais a língua pode se apresentar, e isso nos leva ao conceito de multimodalidade, que abordaremos mais detalhadamente na próxima seção.

doispontotrês
Multimodalidade

Anteriormente, tratamos do conceito de multimodalidade, mas agora vamos aprofundar um pouco mais nossa análise. Kress (2003, 2010) é um autor conhecido por se dedicar ao estudo da multimodalidade. Mas qual seria a origem de tal conceito?

    O termo *mode* (modo) designa uma forma semiótica de representação de sentido. Como a ideia vigente é a de que há múltiplas formas de construção de sentido, surgiu a expressão *multimodalidade*, a qual se refere à preocupação relacionada à abordagem de questões ligadas à aprendizagem e ao ensino dos letramentos sonoro, visual, digital, gestual, entre outros. Segundo Kress (2003), o advento das tecnologias digitais de informação e comunicação (TDICs) provocou uma mescla entre três formas de nomear os processos envolvidos na comunicação humana:

- palavras que dão nome aos recursos para representação, como *fala, escrita, imagens, gestos*;

- expressões que nomeiam o uso dos recursos na produção da mensagem, como *letramento, letramento digital, letramento midiático*;
- palavras que designam o envolvimento dos recursos para a disseminação de sentido, como no caso da publicidade de internet.

Dessa maneira, para Kress (2003), o termo *letramento* está vinculado à ideia tradicional relacionada aos usos sociais da leitura e da escrita, enquanto os demais multiletramentos estariam mais bem representados pela expressão *modos semióticos*. A palavra escrita é também um modo semiótico, assim como são os sons, as imagens e os gestos, entre outros.

Em seu livro, Kalantzis, Cope e Pinheiro (2020, p. 181-182) apresentam um exemplo que nos ajuda a entender o fato de que a língua é multimodal:

> *Por exemplo, o uso da escrita pressupõe um estágio de visualização e de conversa sobre o que se está escrevendo, seguido por um estágio de toque e movimento da caneta no papel ou de digitação do texto em um computador, o que é também um processo visual, tátil e linguístico. Durante a leitura, o mesmo acontece: a pessoa rerrepresenta significados em um discurso interno silencioso, imagina visualmente como as coisas são na escrita e conversa consigo mesma sobre pensamentos tangenciais causados por sua interpretação do que está lendo.*

Nessa passagem, podemos perceber como o simples ato de escrever ou digitar uma mensagem mobiliza vários modos de representação que não só o da letra, ou seja, da palavra escrita.

Sob essa perspectiva, o grande desafio das escolas no século XXI é lidar com essa comunicação mundial que é cada vez mais multimodal, sobretudo em virtude do uso de *smartphones*. O cenário atual coloca um desafio para os professores, pois, para que os cidadãos sejam preparados para interagir nesse mundo de constante e rica multimodalidade, não basta apenas dominar um letramento, ou seja, o letramento escolar tradicional que costumava privilegiar a palavra escrita. Agora, é preciso compreender que imagens, sons, gestos e experiências táteis fazem parte de nosso cotidiano com mais frequência que outrora. Portanto, para uma comunicação efetiva, também é necessário desenvolver habilidades com esses novos modos de comunicação.

doispontoquatro
Os modos de representação da multimodalidade

Nas seções anteriores, tratamos dos conceitos de letramento, multiletramentos e multimodalidade. Agora, vamos nos aprofundar neste último termo. Para isso, retomaremos a Figura 2.2 a fim de analisá-la e chegar a um novo conceito: de sinestesia.

Segundo Kalantzis, Cope e Pinheiro (2020), os significados podem surgir por meio de sete modos: escrito, visual, espacial, tátil, gestual, sonoro e oral. Mas quais seriam as diferenças entre eles?

O **modo escrito** se relaciona com os processos de leitura e escrita. Enquanto no processo de leitura nós fazemos sentido daquilo escrito por outras pessoas, na escrita tentamos compartilhar nossas impressões mediante um código, seja ele o alfabeto ou um ideograma.

Já o **significado visual** se refere à utilização de imagens em movimento ou a paradas para comunicar sentidos. Implica entender tanto o ato de quem olha e tenta interpretar a mensagem veiculada quanto o de quem produz uma imagem para traduzir suas representações internas.

Por seu turno, o **campo espacial** tem a ver com nossas relações como corpos que ocupam um espaço. Ou seja, abrange a percepção de nossa posição em relação a outras pessoas, além de ideias como "proximidade, *layout*, distância interpessoal, territorialidade, arquitetura/construção, paisagem urbana" (Kalantzis; Cope; Pinheiro, 2020, p. 183).

O **modo tátil** diz respeito à exploração de significados através dos sentidos humanos do tato, do olfato e do paladar. Isto é, tem a ver com nossa relação ao manipularmos objetos que nos cercam e apresentam textura, cheiro e gosto.

Os **significados sonoros** se vinculam à comunicação baseada em sons em geral, desde ruídos até sinfonias. Engloba tanto o aspecto de quem produz os sons quanto o de quem os recebe e os interpreta, atribuindo-lhes significado.

A dança, as cerimônias e os rituais entram em cena quando analisamos o **modo gestual**. Nesse campo, pretende-se produzir e analisar os significados que advêm da comunicação que se utiliza de movimentos do corpo todo, desde o rosto até os membros inferiores. Trata-se, ainda, do estudo de estilos de vestuário e moda, bem como de estilos de cabelo e penteados.

Por fim, os **significados orais** correspondem à fala humana de modo síncrono ou assíncrono, ou seja, podem surgir na forma "ao vivo" ou de um áudio gravado. Esse tipo de mensagem hoje é bem frequente na comunicação cotidiana, sobretudo via WhatsApp, mas antigamente também se dava por meio da gravação de recados por telefone.

Todos esses significados fazem parte dos modos nos quais a língua pode ser expressa. Assim, cabe aos educadores entender que cada um deles pode ser trabalhado de forma aprofundada, com o objetivo de ampliar as capacidades comunicativas dos alunos.

Na comunicação humana, frequentemente nos utilizamos de mais de um desses modos. Por vezes, alternamos entre um e outro, de maneira a produzir conceitos e construir metáforas. Kalantzis, Cope e Pinheiro (2020) chamam esse processo de alternância de **modos de sinestesia**.

Um exemplo claro de sinestesia, pelo viés da neurociência, consiste no fato de que, para algumas pessoas, os textos aparecem como ondas em suas mentes e, a depender do modo como são escritos, tais ondas terão formas diferentes. Os autores, porém, vão além do conceito neurológico e explicam que tais misturas de diversos modos de significação constituem "uma forma de expressar um significado em um modo, depois em outro" (Kalantzis; Cope; Pinheiro, 2020, p. 184).

Figura 2.3 – Sinestesia e modos de significação

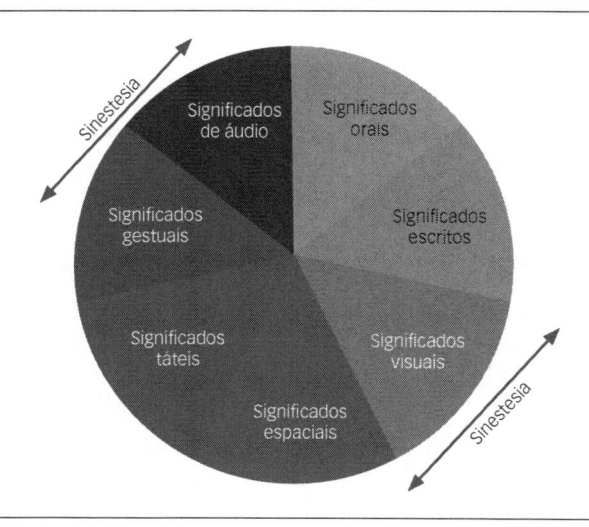

[Gráfico de pizza mostrando: Significados de áudio, Significados orais, Significados escritos, Significados visuais, Significados espaciais, Significados táteis, Significados gestuais, com setas indicando "Sinestesia"]

FONTE: Kalantzis; Cope; Pinheiro, 2020, p. 184.

Na Figura 2.3, todos os modos de significação são retomados, e nossa atenção se volta para o fato de que transitar entre eles é uma maneira de ativar o processo de sinestesia e, consequentemente, ampliar as possibilidades de aprendizagem e construção de sentidos por parte dos alunos quando eles estão aprendendo uma língua.

Síntese

Neste capítulo, abordamos a temática referente ao letramento e sua relação com a noção de multiletramentos e com as questões de multimodalidade, discutindo também cada um dos modos que fazem parte da multimodalidade e que nos permitem criar sentidos. Além disso, versamos sobre os quatro processos de conhecimento contemplados pela pedagogia dos multiletramentos, bem como sobre as relações entre o conceito de multiletramentos e outras nomenclaturas, como no caso dos múltiplos letramentos, de viés pós-estruturalista.

Atividades de autoavaliação

1. Por que o Grupo de Nova Londres (GNL) foi formado?
   a. Pela necessidade de se rediscutirem as práticas educacionais em face das mudanças na comunicação que estavam começando a surgir na virada do século XX para o XXI.
   b. Pelo fato de que não havia nenhum educador preocupado com as tecnologias educacionais.
   c. Em virtude das mudanças na política das escolas estadunidenses.
   d. Como uma reação aos diversos índices de analfabetismo em países desenvolvidos.
   e. Por conta das proximidades teóricas entre seus participantes, que pensavam de forma idêntica em suas áreas de concentração.

2. Quais são as duas preocupações centrais da pedagogia dos multiletramentos?
   a. As mudanças tecnológicas e o analfabetismo funcional.
   b. Os diferentes modos de significação, traduzidos pelo termo *multimodalidade*, e a múltipla diversidade cultural.

c. Os modos de significação e as culturas exclusivamente relacionados à tecnologia.

d. As diferenças culturais como causadoras de conflito e as diversas línguas utilizadas na comunicação contemporânea.

e. A existência de sociedades orais que não se utilizam da escrita e as línguas que não dispõem de um alfabeto.

3. Qual é a principal diferença entre as teorias de multiletramentos e as teorias de múltiplos letramentos?

a. Enquanto uma perspectiva tem viés colonial, a outra segue o paradigma estruturalista.

b. Não há diferenças. Trata-se apenas de uma questão de gosto por nomenclaturas diferentes por parte dos pesquisadores.

c. As teorias de multiletramentos versam sobre multimodalidade, o que não é feito pelas teorias de múltiplos letramentos.

d. As teorias de múltiplos letramentos se preocupam apenas com o desenvolvimento da criticidade em formas multimodais de comunicação, ao passo que as teorias de multiletramentos estão focadas no desenvolvimento cultural.

e. As teorias de múltiplos letramentos questionam ideias como controle, estabilidade e criação consciente de *designs* que aparecem nas teorias de multiletramentos, além de se debruçarem sobre questões como poder e opressão.

4. Quais são os quatro eixos dos processos de conhecimento de acordo com a pedagogia dos multiletramentos?

a. Experienciar, aplicar, conceituar e analisar.

b. Experienciar, analisar criticamente, conceituar e interpretar.

c. Interpretar, dialogar, conceituar e argumentar.

d. Dialogar com o que é conhecido, aplicar criativamente, refletir e agir.

e. Refletir, aplicar, conceituar e experimentar.

5. Qual é o nome atribuído à alternância entre diferentes modos de significação?

a. Sincronia.

b. Multimodalidade.

c. Sinestesia.

d. Multiletramentos.

e. Tecnologias digitais.

Atividades de aprendizagem

Questões para reflexão

1. Como você enxerga o trabalho multimodal nas escolas brasileiras atualmente? Considerando-se as dificuldades de infraestrutura presentes nas escolas públicas, é possível recorrer à multimodalidade nas aulas?

2. Reflita sobre exemplos práticos do cotidiano que nos remetam à diminuição de fronteiras do mundo globalizado e à aproximação cada vez maior entre diferentes culturas advindas de outros povos e países.

Atividade aplicada: prática

1. Desenvolva uma aula em que seja possível perceber ao menos três diferentes modos de representação. Explique por que cada um foi utilizado e como sua combinação pode suscitar a construção de novos significados por parte dos alunos.

um	Do letramento aos novos letramentos
dois	Multiletramentos e multimodalidade
# três	**Multimodalidade e hipertexto: conceitos e convergência das mídias**
quatro	Hipermodernidade, hiperinformação e culturas de rede
cinco	Multiletramentos e gêneros multimodais no contexto digital
seis	Práticas pedagógicas e tecnologias digitais de informação e comunicação

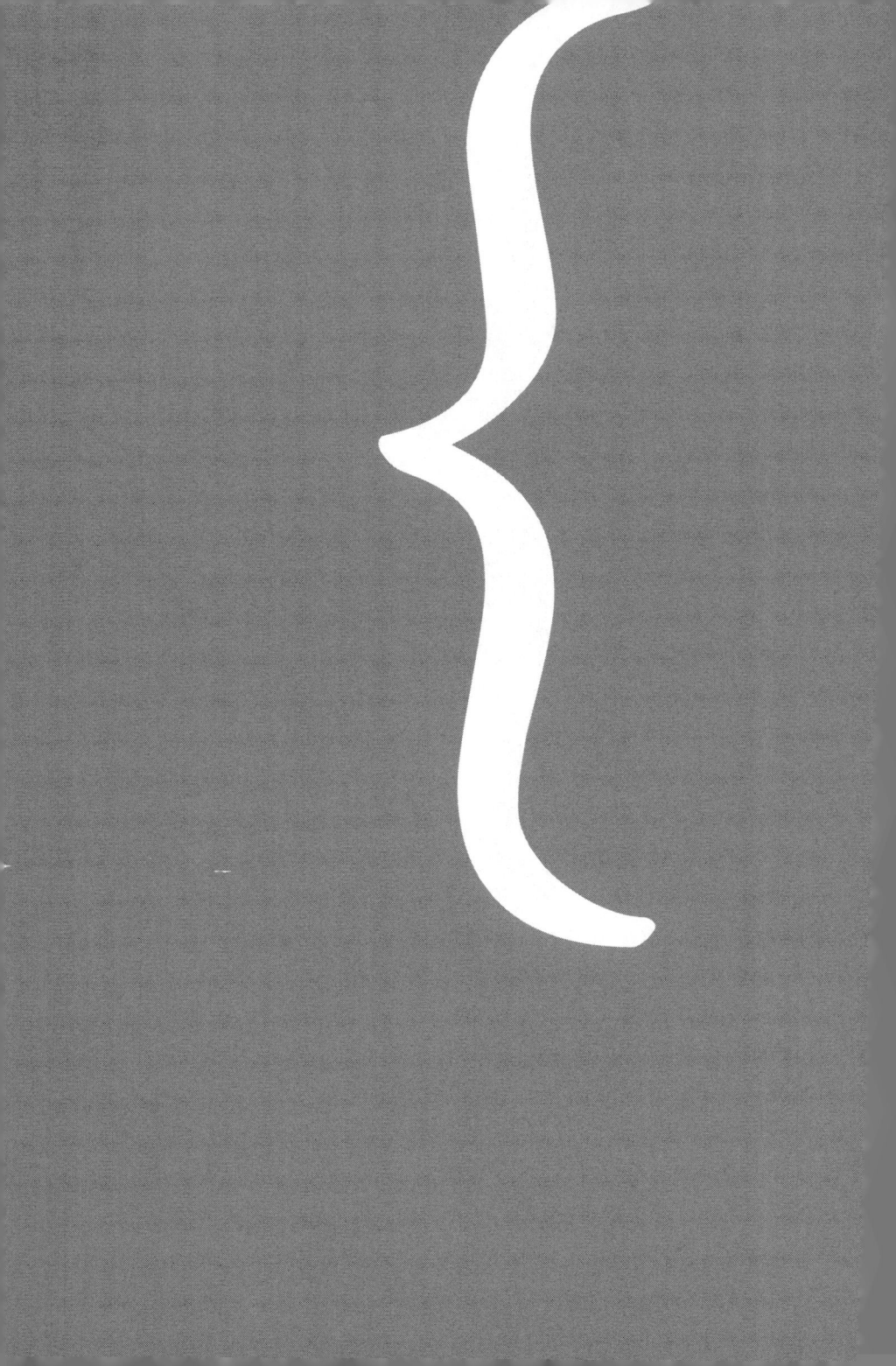

❰ NO CAPÍTULO ANTERIOR, abordamos os multiletramentos e a noção de multimodalidade, cujo conhecimento é imprescindível para os educadores contemporâneos. Neste capítulo, trataremos da interface entre esse conceito e o de hipertexto. Sob essa ótica, discutiremos mais detalhadamente as influências das tecnologias digitais na produção da multimodalidade. Examinaremos o conceito de hipertexto e a forma como ele se relaciona com a ideia de multimodalidade.

trêspontoum
Conceito de hipertexto e breve histórico

O hipertexto se caracteriza não somente pelas interações em meio digital, embora estas sejam facilitadas pelas novas tecnologias. Quando pensamos em hipertexto, devemos levar em conta todas as articulações feitas entre textos diversos (escritos, orais, imagéticos, entre outros) que permitem a amarração – como em uma rede – das ideias veiculadas nos diversos campos do conhecimento. Dessa maneira, para entender o conceito de hipertexto, é preciso ir além da associação do prefixo *hiper* às tecnologias digitais de informação e comunicação (TDICs) e considerar as diversas conexões existentes entre os enunciados (em termos bakhtinianos), uma vez que eles estão ligados na cadeia comunicativa.

Ainda assim, as conceituações do termo surgiram como resposta às novas formas dinâmicas de se comunicar por meio das TDICs. Segundo Xavier (2009, p. 208), o hipertexto é "uma forma híbrida, dinâmica e flexível de linguagem que dialoga com outras interfaces semióticas, adiciona e acondiciona à sua superfície formas outras de textualidade". Ao relacionar a ideia do hipertexto com a leitura do mundo de Paulo Freire (1996), Xavier (2009) chama nossa atenção para a ubiquidade do hipertexto, pois um texto em meio virtual pode ser acessado em qualquer lugar e hora, além de se encorajar que as trilhas de leitura do texto não sejam iguais para todos.

Isso acontece porque a existência de *links* externos que nos levam a diferentes páginas faz com que nossa relação com a leitura não seja linear, conforme a ordem de disposição das informações na página tal qual imaginada pelo escritor. No hipertexto, ao contrário, tais *links* nos levam a navegar entre diferentes espaços e proporcionam aprendizados mais vinculados a distintas formas de saber, além de nos conectarem não só com o modo escrito, mas também com enunciados ricos em multimodalidade.

Segundo Xavier (2009), o termo foi cunhado pelo filósofo norte-americano Theodore Nelson, em 1991. Já naquela época, Nelson e outros autores começaram a advogar pela superioridade do hipertexto em relação às mídias impressas. Em reação a essa ideia, outros pesquisadores, como Foltz (1996), alertaram para a inexistência de uma garantia de superioridade do hipertexto, visto que ele engendra características como a interação e a dependência dos processos cognitivos que cada leitor desenvolve. Diante do exposto, na próxima seção, analisaremos em mais detalhes as características do hipertexto.

trêspontodois
Características do hipertexto

De acordo com Nojosa (2007, p. 74), o hipertexto consiste em um "conjunto de nós de significações interligados por conexões entre palavras, páginas, fotografias, imagens, gráficos, sequências sonoras etc.". Nessa perspectiva, podemos entender que o hipertexto é como um espaço imaginário em que se entrelaçam diferentes modos de produção de sentido. Esse espaço tem se tornado cada vez mais possível em virtude das funcionalidades da internet.

Evidentemente, tal espaço abstrato já existia antes do advento das TDICs. Basta pensarmos nas articulações possíveis feitas pelos autores ao longo do tempo diante de textos produzidos em várias esferas, unindo imagem, som e texto verbal. No entanto, é notório que esse tipo de articulação é mais frequente nos tempos atuais, tendo em vista a facilidade com que podemos, por meio de aplicativos em *smartphones*, criar diversas produções que se baseiam no entrelaçar de imagem, som e texto verbal. Plataformas inteiras disponibilizam aos usuários formas cada vez mais dinâmicas de interação com tais elementos, ampliando, assim, as conexões tecidas no campo hipertextual.

Um exemplo de hipertexto comum nos textos impressos corresponde à existência de notas de rodapé e notas de fim: ambas levam o leitor a quebrar a linearidade de sua leitura na página e o fazem navegar em outros espaços da mídia impressa, o que implica movimentos diferentes com o texto. Com o advento das tecnologias, tais movimentos se ampliaram enormemente, uma vez que os *links* nos direcionam a diversos espaços e mídias. É um convite maior a interagir com o texto em vez de simplesmente absorvê-lo da forma como ele foi disposto inicialmente pelo autor.

Essa leitura *self-service* gera uma emancipação do leitor e uma dessacralização do autor, segundo Xavier (2009). A emancipação de quem lê ocorre em virtude de uma liberdade na escolha de trilhas de leitura, enquanto o autor passa a não ter mais a posição de detentor do saber. Isso porque o leitor pode percorrer diferentes caminhos para chegar à compreensão e à aquisição de conhecimentos.

trêspontotrês
Convergência das mídias e do hipertexto

Esclarecido o que é hipertexto, podemos avançar para o conceito de mídia. Podemos considerar, por exemplo, que o *blog* consisite em uma mídia?

    Alguns autores consideram o *blog* um gênero da esfera digital. Contudo, com o avanço da tecnologia e dos estudos das TDICs, diversas percepções se instauraram. Em razão disso, alguns autores preferem usar o termo *mídia*, que denota um campo mais abrangente relacionado à característica hipertextual dos *blogs*: neles, é possível fazer postagens (*posts*) com textos, imagens, vídeos, *gifs* animados, áudios, entre outros elementos.

    Quanto ao conceito de mídia, Bonini (2011, p. 688) afirma:

> entendo [...] que uma mídia seja um processo tecnológico de mediação da interação linguageira. [...] Em oposição ao gênero, que é uma unidade da interação linguageira, a mídia é um elemento contextualizador no interior do qual o gênero circula. [...] é a mídia que determina as coordenadas de cada gênero que nela circula.

Miller e Shepherd (2009) comentam acerca das dificuldades de classificar as novas formas de comunicação que surgiram com a tecnologia, especialmente o *blog*, em virtude de sua volatilidade e não recorrência, o que problematiza a questão de rotular os textos como *gêneros, hipergêneros, mídias, suportes* e tantas outras denominações disponíveis na literatura da área.

Nesse sentido, concordamos com Anjos-Santos (2012), para quem o *blog* pode ocupar ambas as funções – de gênero e mídia –, a depender das circunstâncias em que se insere. Considerando-se que caracterizamos um gênero como tal em função do propósito comunicativo que ele desempenha, é possível conceber o *blog* como um gênero cujo propósito seja "compartilhar determinada notícia e buscar adesão, na comunidade virtual da qual faz parte" (Anjos-Santos, 2012, p. 64-65). Podemos, então, identificar várias subdivisões do *blog*: *blog* educacional; *blog* jornalístico; *blog* literário; *blog* pessoal; *blog* esportivo etc. No Capítulo 5, apresentaremos mais detalhes a respeito dos gêneros textuais e dos gêneros multimodais.

Ainda com relação ao conceito de mídia, é preciso explorar outra ideia subjacente: a de convergência das mídias. Rojo e Barbosa (2015, p. 120) retomam Jenkins (2009) com seu conceito de cultura da convergência: "Convergência se refere 'a uma situação em que múltiplos sistemas de mídia coexistem e em que o conteúdo passa por eles fluidamente. Convergência é entendida aqui como um processo contínuo ou uma série contínua de interstícios entre diferentes sistemas de mídia, não uma relação fixa'".

Dessa forma, compreendemos que a cultura da atualidade envolve a existência simultânea de diversos discursos reproduzidos em diferentes formatos de mídia e com propósitos distintos, conforme a intenção de seu produtor. Com as facilidades proporcionadas pelas TDICs, a todo instante somos estimulados a interagir com várias plataformas e a participar de muitos eventos por meio do celular ou do computador. Como exemplos desse fato, podemos citar a participação de internautas em transmissões de programas ao vivo mediante o uso de *hashtags* específicas ou, ainda, o voto, em tempo real, em enquetes promovidas por tais programas.

Nesse contexto, Rojo e Barbosa (2015) nos convidam a refletir sobre a qualidade dos conteúdos veiculados na internet. Já que qualquer indivíduo com acesso à rede é capaz de produzir e veicular textos, nem sempre estes serão dotados de profundidade teórica e analítica, o que nos leva a considerar o papel da educação: ensinar crianças e jovens a interagir de maneira mais consciente com os diversos conteúdos propagados no ambiente virtual.

Por fim, é imprescindível pensar nas relações entre a multiplicidade de mídias e a construção cada vez maior de um hipertexto complexo e repleto de trilhas de aprendizagem dinâmicas, as quais refletem os interesses daqueles que buscam a informação. Dito de outra forma por Nojosa (2007, p. 77):

> *O hipertexto fomenta a narrativa como algo capaz de expressar e articular a diferença como diversidade e multiplicidade; ou seja, a dinâmica da sociedade contemporânea não permite modelos tão excludentes que permeiam tanto na tradição da oralidade como também na escrita. A linguagem do hipertexto tornou-se o espaço discursivo capaz de elaborar diretrizes orientadoras para o processo da comunicação global ou contemporâneo.*

trêspontoquatro
Multimodalidade e tecnologias: texto e imagem na leitura de hipertextos

Nesta seção, vamos tratar da relação entre as tecnologias e a multimodalidade. Conforme já mencionamos, atualmente percebemos, com grande força, a presença do caráter multimodal da língua em virtude do advento das TDICs, uma vez que elas facilitaram o processo de criar, recriar e distribuir conteúdos que se utilizam de imagens, textos, vídeos, sons etc. Mas em que medida tais mudanças nos fazem interagir de modo diferente com textos e imagens? É o que vamos analisar a seguir.

Ribeiro (2018) comenta que imagens são tão importantes quanto o que se convencionou chamar de *texto*. Para a autora, "imagens também são textos, podem ser lidas e interpretadas, solicitam alguma sistematização e provocam processos semióticos" (Ribeiro, 2018, p. 71). De fato, as imagens já fazem parte de nossa comunicação, e frequentemente as usamos quando elas podem dizer mais do que as palavras ou qualquer outra modalidade de texto. É notável a quantidade de gêneros que envolvem a utilização de imagem e texto, como no caso de fotolegendas, infográficos, memes, fanzines, entre outros, e todos eles estão povoando cada vez mais os espaços comunicacionais.

Portanto, cabe à escola reconhecer essa pluralidade de combinações de imagem e texto e trabalhá-las em sala de aula de forma a ampliar as possibilidades de representação e comunicação dos estudantes. Conforme pontua Ribeiro (2016, p. 56), "A escola tem forte papel no alfabetismo dos jovens quanto a textos multimodais, muito embora isso não tenha sido prioritariamente apontado em aulas de língua materna. Esse é um espaço amplo e aberto para quem deseja dar novos contornos às aulas de leitura e produção de textos".

Desse modo, torna-se preciso lidar com as diferentes nuances de um texto imagético e sua relação com as palavras. Ou seja, trata-se de buscar respostas às seguintes questões: Quais são as relações de sentido estabelecidas entre imagem e texto? Quais significados são assumidos pela imagem por meio de suas cores, formas e traços? Como tais significações alteram os sentidos do texto?

A análise de tais perguntas é de extrema importância quando lidamos com imagem e texto nos gêneros textuais que se caracterizam pela hipertextualidade.

Síntese

Neste capítulo, tratamos das relações entre multimodalidade e hipertexto. Abordamos a origem do conceito de hipertexto e o modo como ele se relaciona com terminologias como *mídia*. Na comunicação contemporânea, compreender como as tecnologias operam para construir textos que desafiam ideias de linearidade e ampliam a participação dos sujeitos é de extrema relevância, além de representar um desafio a ser enfrentado pelos educadores, sobretudo os professores de línguas.

Atividades de autoavaliação

1. Com relação ao hipertexto, assinale a alternativa correta:
   a. O termo surgiu apenas em resposta às tecnologias digitais.
   b. Trata-se de formas cada vez mais dinâmicas de interação com imagem, som e texto, as quais ampliaram as conexões tecidas no campo hipertextual.
   c. Notas de rodapé não são um exemplo de hipertextualidade.
   d. O hipertexto restringe as possibilidades de leitura, levando os leitores a traçar caminhos previsíveis.
   e. Mídia e hipertexto são dois conceitos que não se relacionam.

2. Considerando o que estudamos a respeito de *blogs*, assinale a alternativa correta:
   a. *Blogs* já não são mais utilizados como meios de comunicação.
   b. *Blogs* não apresentam tipos diferentes, ou seja, todos têm a mesma estrutura.
   c. O *blog* geralmente não se enquadra na classificação de gêneros multimodais.
   d. Nos *blogs*, a utilização de diversas formas multimodais compromete o entendimento dos textos.
   e. Trata-se de um fenômeno que pode ser considerado tanto como gênero digital quanto como mídia.

3. Segundo Jenkins (2009), a cultura de convergência:
a. é uma forma antiquada de se relacionar com os textos contemporâneos.
b. refere-se a um processo contínuo ou a uma série contínua de interstícios entre diferentes sistemas de mídia, isto é, não constitui uma relação fixa.
c. tem a ver com a transformação de todas as mídias em um único canal de comunicação.
d. não leva em conta as diversas multimodalidades observadas na contemporaneidade.
e. diz respeito a uma expressão da área jornalística e que não se relaciona com o campo das linguagens e da educação.

4. Os exemplos a seguir se referem a gêneros que envolvem a utilização de imagem e texto, exceto:
a. Infográfico.
b. Fotolegenda.
c. Canção.
d. Tirinha.
e. Meme.

5. Assine a alternativa mais adequada com relação à utilização de imagem e texto na sala de aula:
a. Cabe à escola reconhecer a pluralidade de combinações entre imagem e texto e trabalhá-las em sala de aula, de forma a ampliar as possibilidades de representação e comunicação dos estudantes.
b. Palavra e imagem devem ser trabalhadas de forma separada, pois não se inter-relacionam.

c. Combinações de imagem e texto são dispensáveis para o ensino de línguas.

d. A escola já trabalha com imagem e texto, e não há necessidade de incorporar outras ideias na prática dos professores.

e. A multimodalidade deve ser trabalhada por meio de imagem e texto, cada um a seu modo.

Atividades de aprendizagem

Questões para reflexão

1. Quais sentidos o uso de diferentes cores pode suscitar em um espectador? Pense em uma imagem que você aprecia e, em seguida, imagine que ela tivesse cores opostas. Em sua opinião, ela causaria o mesmo sentimento em você? Por quê (não)?

2. Uma das possibilidades da multimodalidade é ampliar a participação democrática de pessoas com deficiência. No caso de uma pessoa que não enxerga, por exemplo, o tato e a audição podem ser mais aguçados e utilizados para ela viver e se desenvolver. Considerando o exposto, reflita: Que tipo de atividades um aluno que não enxerga poderia fazer de maneira a substituir o papel do modo imagético?

Atividade aplicada: prática

1. Elabore uma colagem com trechos retirados de recortes de revistas. Em seguida, produza um breve texto explicativo sobre o processo e as escolhas feitas.

um   Do letramento aos novos letramentos
dois   Multiletramentos e multimodalidade
três   Multimodalidade e hipertexto: conceitos
       e convergência das mídias
quatro **Hipermodernidade,
          hiperinformação e
          culturas de rede**
cinco Multiletramentos e gêneros multimodais
       no contexto digital
seis   Práticas pedagógicas e tecnologias digitais
       de informação e comunicação

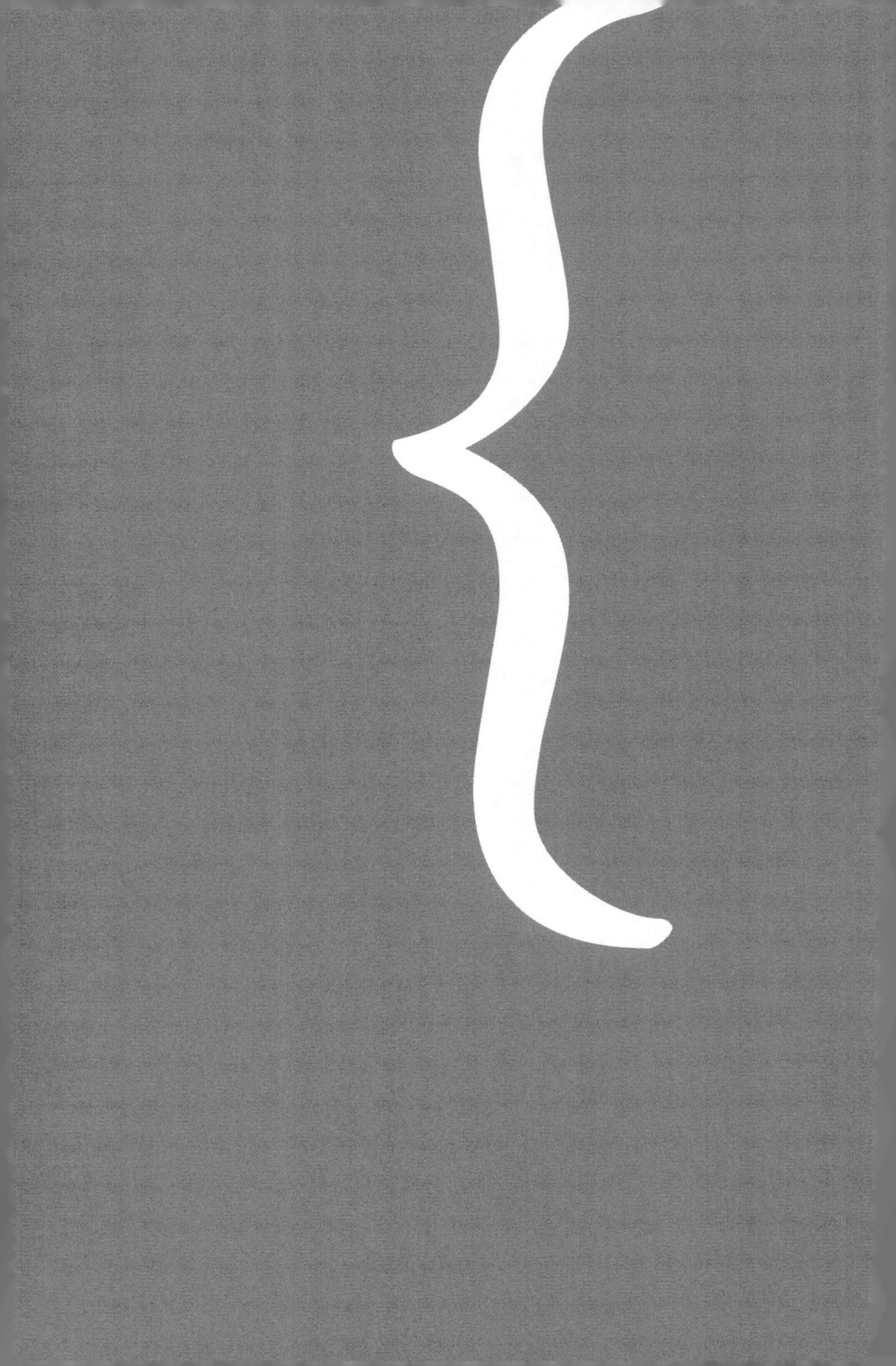

{

❰ NESTE CAPÍTULO, ABORDAREMOS temas recorrentes da contemporaneidade. Conforme apresentado por Lipovetsky (2004), estamos na era do *hiper*: hipermodernidade, hiperinformação, hiperconsumo, hipernarcisismo etc. Trata-se de um período que desafia noções estabilizadas e cristalizadas na sociedade e cujas tônicas são a mudança e a dinamicidade. Considerando as implicações para os profissionais da área de letras, concentraremos nossas reflexões em apenas três temas: hipermodernidade, hiperinformação e culturas de rede e do remix.

quatropontoum
Hipermodernidade

Antes de tratarmos do que é hipermodernidade, precisamos analisar o que se entende por modernidade. Consideramos que a modernidade se caracteriza pela valorização das metanarrativas, com destaque para a racionalização, a lógica, a ciência e a constituição de um pensamento cartesiano. Uma metanarrativa, segundo Nascimento (2011, p. 39), consiste em uma "grande narrativa capaz de referenciar as outras narrativas existentes". A hipermodernidade, de acordo com Rojo e Barbosa (2015), corresponde à radicalização da modernidade, ou seja, não se trata da superação da modernidade, mas de sua repaginação.

Além da ideia de hipermodernidade, outra concepção é frequentemente discutida, sobretudo no campo dos estudos culturais: a pós-modernidade. Autores como Jean-François Lyotard e Stuart Hall falaram muito sobre a pós-modernidade, a qual representaria uma espécie de rompimento com os valores da modernidade anteriormente citados. Assim, o grande intuito da pós-modernidade seria o de questionar, por exemplo, o conhecimento científico como detentor da verdade. Logo, o que os teóricos pós-modernos fazem, especialmente no âmbito das artes e da cultura, é problematizar o fato de que a ciência, por exemplo, é apenas um tipo de conhecimento entre vários outros existentes.

Acontece que, na Era Moderna, há a ideia de que o conhecimento científico, dotado de racionalidade e lógica, deveria ser o único discurso valorizado, uma vez que lhe foi conferido o caráter de legítimo, válido e universal. Ou seja, a modernidade exacerbou nosso individualismo e nosso narcisismo.

Desse modo, quando autores falam em **hipermodernidade**, estão se referindo não a um rompimento com a modernidade para passarmos a outra era, com diferentes parâmetros. Na realidade, trata-se de um aprofundamento de todos os conceitos que surgiram na modernidade. Esse tipo de comportamento é perceptível pelo modo como nos relacionamos com as pessoas na contemporaneidade, sobretudo no meio virtual. Nas palavras de Rojo e Barbosa (2015, p. 121):

> *Nos tempos hiper, não basta viver, é preciso contar o que se vive (reordenamento das fronteiras entre o público e o privado) ou, mais do que isso, é preciso mostrá-lo (em* selfies, *em fotos, em vídeos). Somos impelidos a buscar a novidade o tempo todo, a não prescindir dela. A superficialidade se estabelece como corolário: curtir/comentar nas redes sociais, sem refletir sobre o que se lê, apenas para não perder a oportunidade de se posicionar, na verdade, de aparecer ou de se satisfazer (o reino da opinião pessoal no lugar de uma posição ou projeto político mais consistente).*

A reflexão das autoras nos leva a pensar nas implicações das mudanças da hipermodernidade para a sala de aula: os alunos estão cada vez mais dispersos, mais adeptos a essa cultura. Diante disso, qual seria, então, o papel da escola?

Nossa função como educadores é alertar nossos alunos, principalmente os jovens, para o fato de que os comportamentos por eles adotados são condicionados pelo meio, isto é, não são totalmente inocentes e naturais, como se não admitissem questionamentos. Dessa maneira, é importante chamar atenção para o modo superficial com o qual tratamos assuntos de grande complexidade em nossos tempos, esquecendo-nos da influência da dinamicidade imposta pelo meio virtual na forma como abordamos discussões, leituras e debates de todo tipo.

Portanto, a preocupação com a superficialidade é de extrema relevância, pois a falta de aprofundamento e reflexão sobre os temas tem frequentemente levado as pessoas a serem, por exemplo, vítimas de *fake news*. Esse tipo de suscetibilidade é tão grave que, caso não atentemos para as consequências dessa falta de letramento, poderemos sentir os efeitos na forma como conduzimos nossas sociedades e nossas democracias. Isso decorre do seguinte fato: uma vez que a verdade se torna questionável, deixamos de ter referências seguras com as quais contar e fundamentar nossa argumentação. Assim, o efeito é o de enfraquecimento da democracia, passando a existir um sentimento de desconfiança no ar.

A preocupação com as *fake news* e, sobretudo, a leitura e a análise delas se vincula a outro tema de nossa época: a hiperinformação, assunto que será abordado na sequência.

quatropontodois
Hiperinformação

A hiperinformação, conforme mencionado na introdução deste capítulo, é mais um dos fenômenos da contemporaneidade. Antigamente, o acesso à informação era limitado e, geralmente, aplicava-se a quem detinha condições financeiras para comprar jornais, revistas ou mesmo uma televisão. Após alguns anos, a TV ganhou popularidade, e o acesso à informação se ampliou. No entanto, ainda assim, havia um limite de acesso, pois muitos canais faziam parte apenas de programações por assinatura, o que novamente passou a exigir uma condição social mínima que permitisse ao usuário arcar com os custos correlacionados.

 Entretanto, com a popularização da internet e o novo cenário de inclusão digital, essa situação mudou drasticamente. Hoje, com o auxílio de um *smartphone* e uma rede de internet, podemos ter acesso à maior enciclopédia do mundo com apenas alguns cliques na tela (ou no *mouse*, no caso de um computador *desktop*). Não é mais necessário dirigir-se a uma biblioteca e fazer cópias de textos, como era comum antigamente. Todo o conhecimento pode ser acessado na palma de nossas mãos por meio de uma consulta ao "Oráculo do Vale do Silício", o Google.

 Tal mudança facilitou enormemente nossa vida, uma vez que a informação passou a ser transmitida instantaneamente, sem esforços. Contudo, ao mesmo tempo que o acesso ilimitado e instantâneo é benéfico, ele também gera consequências perversas: somos constantemente bombardeados com informações provenientes de todos os lados e propagadas por diversas fontes. As fronteiras entre os períodos de trabalho e de descanso se diluíram, e tornamo-nos compelidos a permanecer *on-line* o tempo todo, a fim de estar a par das notícias e em sintonia com as informações em tempo real.

No contexto da hiperinformação, também surgiram novas ações e verbos inéditos para expressá-las. Termos como *curar, seguir, taguear* e *comentar* ganharam destaque (Rojo; Barbosa, 2015). Na esteira desses vocábulos, somos ensinados a aderir a novas práticas, como usar *hashtags* para indexar os conteúdos que veiculamos e, assim, deixá-los acessíveis ao maior número de pessoas possível. Agora, não basta apenas compartilhar: é necessário espalhar a informação na internet e engajar os espectadores para que comentem, curtam e compartilhem, tornando-nos promotores do conteúdo veiculado nas redes.

Uma vez que todos nós somos estimulados a promover engajamento nas redes, contribuímos, sem exceção, para a existência e a manutenção da hiperinformação. Repassamos notícias, fotos, *links*, mensagens e vídeos a todo momento e sem custo, bastando para isso apenas alguns cliques, e muitas vezes sequer checamos as fontes de tais informações. Esse tipo de atitude constitui um campo fértil para as notícias falsas, que contam com a ingenuidade do leitor médio e com a profunda necessidade do ser humano de participar da grande dança que envolve o compartilhamento de informações.

Os verbos anteriormente mencionados, cada vez mais frequentes na contemporaneidade, relacionam-se com o rápido andamento das trocas na rede e da repaginação de conteúdo ou recriação com base em fragmentos de outros, como no caso do remix. Mas em que consiste tal conceito? Vamos explicá-lo a seguir.

quatropontotrês
Culturas de rede e do remix

Quando falamos em culturas de rede, estamos nos referindo às práticas culturais próprias do meio digital. Toda cultura, na realidade, só existe por meio de uma rede que permite o compartilhamento de informações e a perpetuação de conhecimentos entre os indivíduos. No caso do meio digital, com a possibilidade de comunicação em tempo real e com o conhecimento sendo acessado a todo instante, fica fácil imaginar que há uma fronteira muito menor entre essas diversas culturas.

A diversidade cultural, ao lado da questão da multimodalidade, consiste em uma preocupação central da pedagogia dos multiletramentos, uma vez que os professores se deparam com salas de aulas cada vez mais heterogêneas no campo da cultura, em que os alunos têm de conviver com diferentes crenças e maneiras de interpretar a realidade.

A sala de aula apenas reflete as mudanças sociais. Portanto, todos nós – ainda que não estejamos mais em fase de escolarização – sentimos os efeitos da globalização em relação à diminuição de fronteiras. Cada vez mais entramos em contato com estrangeiros nos espaços urbanos nos quais circulamos; constantemente lidamos com línguas, sotaques, costumes e palavras diferentes; e negociamos sentido até mesmo com aqueles que pensamos ter o mesmo *background* cultural que o nosso, embora tenham vivências extremamente distintas.

As culturas de rede poderiam, então, referir-se a práticas culturais específicas do meio digital, tais como a participação em fóruns, *chats* e enquetes, entre outros gêneros próprios da esfera digital. Tais culturas se entrelaçam com aquelas do mundo não virtual e surgem nas mídias *on-line* para multiplicar os entendimentos e significados que atribuímos, ampliando nosso escopo cultural.

O remix, por sua vez, é uma prática recorrente na cultura das redes. Refere-se ao ato de recorrer a pedaços de outras obras para que se possa criar uma nova. Cabe ressaltar que não se trata de plágio. No caso do remix, as influências que levam à nova criação são exaltadas e celebradas, frequentemente mediante a atribuição dos devidos créditos. Dessa forma, o uso de um excerto de uma obra previamente publicada e compartilhada fica sempre marcado nas obras remixadas, que buscam conferir novos sentidos àqueles já existentes por meio da obra original.

A remixagem é comum na internet, pela facilidade que temos em compartilhar arquivos de diversos formatos e tamanhos. Lankshear e Knobel (2011), ao se referirem às práticas do cyberespaço, preferem usar a expressão *remix digital*, pois, para os autores, a prática do remix em si não requer a utilização de tecnologias digitais. Como exemplos, podemos citar o *fanart*, ou seja, um desenho de fã, e o *cosplay*, que consiste no ato de se vestir como o personagem de uma série ou de um filme. Em ambos os casos há a prática do remix, mediante a combinação e a reformulação de um artefato cultural em um novo material, sem a necessidade de utilizar recursos digitais para que se concretize.

No campo pedagógico, a criatividade proporcionada pela remixagem digital pode e deve ser explorada pelos professores. A cultura do remix faz parte da vida dos alunos, já que eles remixam conteúdo para postar em redes sociais o tempo todo e interagir com seus pares. Nesse panorama, resta aos educadores alertar os alunos para os limites da propriedade intelectual e a intensificação do respeito pela autoria alheia, com a correspondente referenciação, a fim de desenvolver neles a consciência acerca dos materiais que produzem e veiculam no ambiente virtual, dando crédito aos devidos autores.

Entre os gêneros que se utilizam do remix no meio digital estão memes, *anime music videos* (AMVs), *fanfictions*, fanzines, *playlists* comentadas, entre outros. Tais gêneros fazem parte da cultura *pop* das novas gerações, embora pareçam não estar em contato com o universo das aprendizagens na escola. Assim, levar esses exemplos à sala de aula pode potencializar o interesse dos alunos em relação à aprendizagem de línguas, além de ampliar suas possibilidades de interação na rede por meio de análises fundamentadas a respeito desses fenômenos linguísticos.

Síntese

Neste capítulo, concentramo-nos em alguns termos referentes às novas culturas e práticas do meio digital. Vimos que a hipermodernidade se caracteriza pela exacerbação de aspectos surgidos na Idade Moderna, como o individualismo, o culto à racionalidade e o narcisismo. A hiperinformação, por sua vez, é um estado da contemporaneidade, fruto da alta velocidade que envolve as trocas comunicativas contemporâneas. Por fim, destacamos que as culturas de rede correspondem a formas de ser e agir próprias do meio digital, como no caso da curadoria de informações e da prática de seguir pessoas, perfis e páginas da *web* em geral. Todas essas formas de ser e agir contam com o constate remixar de conteúdos que, ao se transformarem em novos elementos, trazem consigo a referência explícita ao conteúdo original, adquirindo outros sentidos e provocando novos entendimentos, que, por seu turno, também podem ser remixados e replicados.

Atividades de autoavaliação

1. Qual das alternativas a seguir expressa adequadamente a diferença entre modernidade e pós-modernidade?
   a. A modernidade impõe uma narrativa calcada nas emoções e na experiência, ao passo que a pós-modernidade está focada na racionalidade.
   b. A pós-modernidade consiste em um movimento científico que busca questionar a falta de racionalidade da modernidade.
   c. A modernidade preza pela fruição estética, enquanto a pós-modernidade questiona essa postura ao privilegiar uma narrativa mestra.
   d. As narrativas não fazem parte do escopo da modernidade, apenas da pós-modernidade.
   e. A pós-modernidade surgiu como uma forma de romper com as premissas da modernidade, sobretudo com a ideia das metanarrativas.

2. Qual é a diferença entre pós-modernidade e hipermodernidade?
a. A hipermodernidade implica a preocupação com o impacto da tecnologia em nossa vida, algo que não se aplica à pós-modernidade.
b. Enquanto na pós-modernidade o sujeito é linear e estável, na hipermodernidade ele é múltiplo e cartesiano.
c. A pós-modernidade enxerga a contemporaneidade como uma ruptura de paradigmas modernos, ao passo que a hipermodernidade acredita na exacerbação de ideias da modernidade nos tempos atuais.
d. Os efeitos da hipermodernidade são sentidos, enquanto os da pós-modernidade, não.
e. A pós-modernidade acontece no âmbito das ciências naturais; já a hipermodernidade é vista nas artes e na cultura.

3. Qual das alternativas a seguir representa um aspecto negativo da hiperinformação nos tempos atuais?
a. A disseminação frequente de *fake news*, que desafia a confiança na comunicação entre os indivíduos nas redes, pois toda informação tem de ser checada antes de ser veiculada.
b. O fato de nos mantermos constantemente atualizados com as notícias veiculadas em tempo real.
c. Há uma dependência da informação que chega por meio da internet.
d. Meios de comunicação analógicos não são mais utilizados para a obtenção de informação e conhecimento.
e. A existência das *fake news* fortalece a democracia, uma vez que o senso de união das comunidades se enaltece, para que, juntas, as pessoas busquem a verdade.

4. Das alternativas que seguem, qual delas descreve melhor o conceito de culturas de rede?
a. A cultura de rede depende dos meios virtuais para se espalhar e ser divulgada.
b. Referem-se a modos de ser, agir e pensar vinculados ao universo digital, os quais mantêm as pessoas em constante conectividade.
c. Os modos de ser e de viver da geração *millennial* constituem aquilo que podemos chamar de cultura de rede.
d. Acessar redes sociais já nos torna membros ativos das culturas de rede digitais.
e. A prática do *mashup* não pertence às culturas de rede.

5. A prática do remix é semelhante à do(a):
a. plágio.
b. paródia.
c. pastiche.
d. disseminação.
e. cultura de rede.

Atividades de aprendizagem

Questões para reflexão

1. Você conhece alguma história de *fanfiction*? Considerando o conteúdo estudado neste capítulo, reflita: O que leva tantos jovens a escrever e ler histórias criadas por eles mesmos?

2. As práticas de remix digital são cada vez mais frequentes. Quais implicações elas trazem para as questões referentes a direito autoral?

Atividade aplicada: prática

1. Produza um fichamento em que, com suas palavras, você faça a distinção entre os significados de *hiperinformação, hipermodernidade* e *culturas de rede*.

{

um   Do letramento aos novos letramentos
dois   Multiletramentos e multimodalidade
três   Multimodalidade e hipertexto: conceitos
e convergência das mídias
quatro   Hipermodernidade, hiperinformação
e culturas de rede

cinco   **Multiletramentos e gêneros multimodais no contexto digital**

seis   Práticas pedagógicas e tecnologias digitais de informação e comunicação

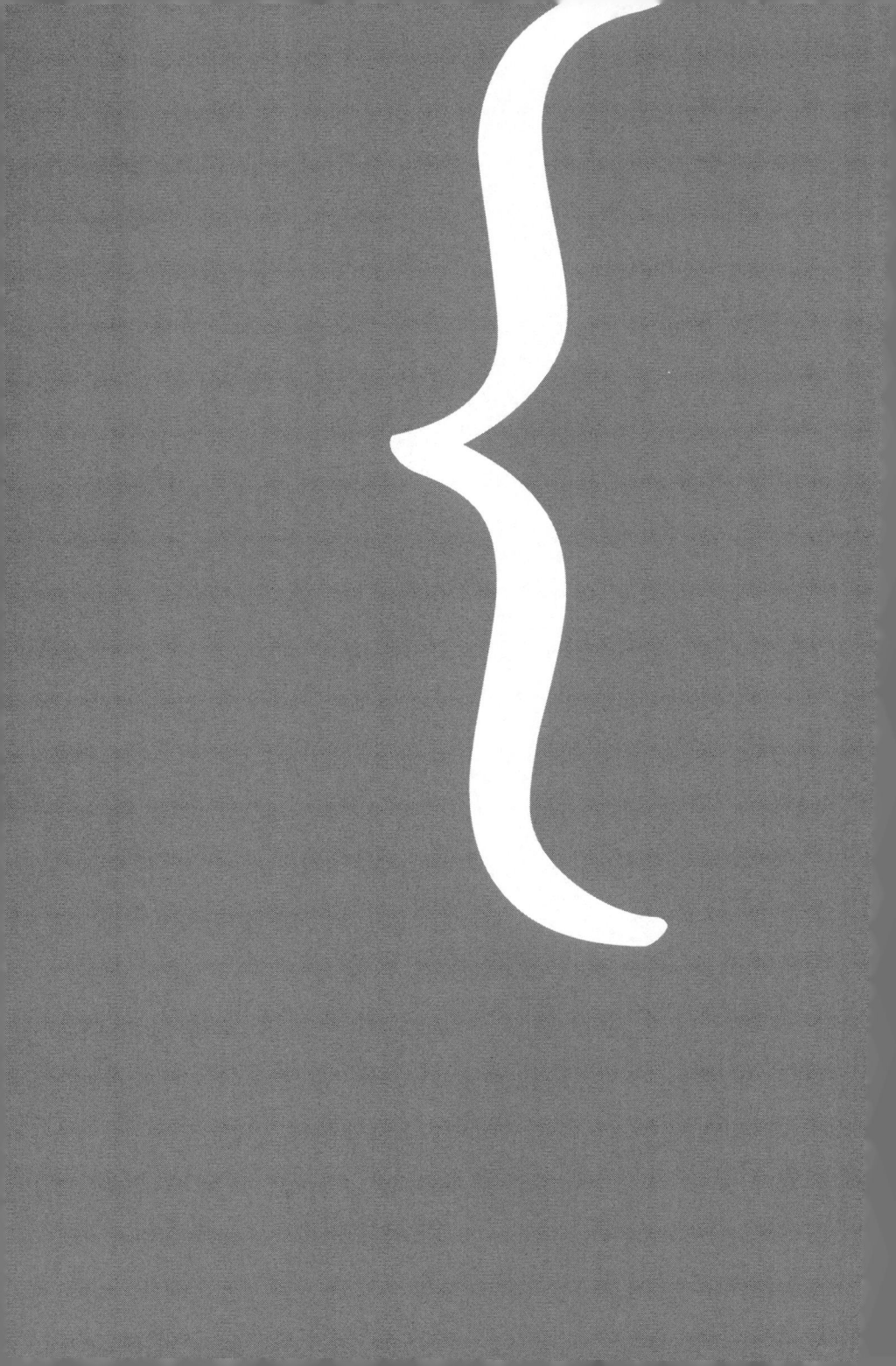

❰A PEDAGOGIA DOS multiletramentos apresenta muitas ideias práticas a serem utilizadas em sala de aula. Tais sugestões podem ser potencializadas pela combinação das ideias do Grupo de Nova Londres (GNL) com a perspectiva do ensino com base em gêneros. As ideias de Bakhtin são fundamentais para o entendimento da linguagem, e pensar na transposição do conceito de gêneros para o ensino de línguas ajuda a delinear formas de interagir com gêneros multimodais, os quais são resultado das trocas contemporâneas. Para uma melhor compreensão desses conceitos, neste capítulo, trataremos das diferentes nomenclaturas relacionadas a essas teorias, uma de cada vez.

cincopontoum
Gênero de texto e gênero do discurso

Os gêneros de texto podem receber conceituações diferentes, conforme a corrente teórica na qual se inserem. Hyon (1996) fez um apanhado das perspectivas existentes e definiu três principais escolas de gêneros. A depender da escola, a expressão utilizada varia entre *gênero de texto* e *gênero do discurso*. Esta última é a mais recorrente, uma vez que foi conceituada por Bakhtin (2020). Desse modo, aqueles que se denominam *bakhtinianos* tendem a preferir utilizar o termo *gênero do discurso*. Por sua vez, para os que se filiam a escolas como a de Genebra, há a preferência por *gênero de texto*, em virtude de uma maior preocupação com a materialidade do texto imbricada nos gêneros.

Hyon (1996) considera a escola genebrina como uma quarta tendência a ser adicionada às outras três que descreveu, na qual se destacam os trabalhos desenvolvidos sobretudo por estudiosos brasileiros que, tendo entrado em contato com os pesquisadores suíços, desenvolveram no Brasil pesquisas sob a linha teórica do interacionismo sociodiscursivo (ISD), focando as implicações dessas teorias em relação às especificidades brasileiras.

Essa corrente considera os gêneros de texto como "produtos da atividade de linguagem em funcionamento [...], organizados em função de seus objetivos, interesses e questões específicas" (Bronckart, 2012, p. 137). São exemplos de gêneros de texto o artigo de opinião, a receita, a notícia, a palestra, o fórum *on-line*, entre outros. De acordo com Schneuwly (2004), o gênero ainda poderia ser classificado como um megainstrumento, uma vez que nele estão presentes tanto elementos linguísticos como paralinguísticos capazes de facilitar a prescrição da comunicação humana.

O ISD sugere o ensino de línguas baseado no trabalho com sequências didáticas (SDs). Segundo Schneuwly e Dolz (2004), as SDs consistem em conjuntos de atividades que apresentam um número definido de objetivos e que buscam proporcionar oportunidades e instrumentos para a aprendizagem de operações de linguagem voltadas ao desenvolvimento de capacidades de linguagem.

Ainda conforme os autores, as atividades propostas com gêneros devem propiciar a construção de três categorias de capacidades: **capacidades de ação (CA)**, **capacidades discursivas (CD)** e **capacidades linguístico-discursivas (CLD)**. De acordo com Cristovão e Stutz (2011, p. 20), "embora essas capacidades estejam dispostas separadamente, elas são interligadas e contribuem para que o aluno se aproprie de gêneros textuais orais ou escritos de forma global". Em linhas gerais, as capacidades se referem aos seguintes aspectos:

- CA: às representações do contexto de produção, levando-se em conta informações tais como: o produtor e os possíveis receptores do texto; a função social do produtor e dos receptores; quando e onde o texto foi produzido; a razão social da produção do texto etc.;

- CD: à planificação global do conteúdo temático, envolvendo as escolhas de sequências textuais e os tipos de discurso, ou seja, as características próprias dos gêneros;
- CLD: à análise de escolhas linguísticas e aos mecanismos de textualização, responsáveis pela coerência do texto.

Cristovão e Stutz (2011) propõem a expansão dessas categorias por meio da criação de uma nova, referente às **capacidades de significação (CS)**, que engloba o aspecto ideológico e considera o(s) sentido(s) mais amplo(s) da atividade como um todo. De acordo com as autoras,

> *Capacidades de significação (CS) possibilitam ao indivíduo construir sentido mediante representações e/ou conhecimentos sobre práticas sociais (contexto ideológico, histórico, sócio-cultural, econômico etc.) que envolvem esferas de atividade, atividades praxiológicas em interação com conteúdos temáticos de diferentes experiências humanas e suas relações com atividades de linguagem.* (Cristovão; Stutz, 2011, p. 21-22)

Dolz (Seminário..., 2015a) reconheceu que a CS é uma categoria significativamente importante para a análise mais aprofundada do agir ideológico materializado nos gêneros. Outro ponto destacado por Dolz diz respeito à questão da multimodalidade/ multissemiose (Seminário..., 2015a).

Segundo o pesquisador, a multimodalidade seria uma quarta dimensão a ser adicionada no estudo dos gêneros, ao lado dos já consagrados conteúdo temático, planificação e textualização. Para

Dolz, há muito tempo já se usam imagens para o ensino-aprendizagem de línguas, mas é recente a constatação de que a relação entre imagem e texto é capaz de produzir diferentes semioses que provocariam resultados distintos se estivéssemos analisando os dois elementos de forma separada (Seminário..., 2015a). Além disso, essas multissemioses não são automaticamente internalizadas pelos alunos, uma vez que eles podem demonstrar dificuldades de ler e interpretar os conceitos epistemológicos que surgem veiculados em imagens, sons, vídeos e nas tecnologias digitais de modo geral.

Com base nessa ideia, o autor menciona a existência de outra categoria além das quatro previamente expostas: a de **capacidades multissemióticas (CMS)**, relacionada a outras semioses que não são transmitidas através da materialidade daquilo que é verbal.

Figura 5.1 – Categorias de capacidades de linguagem

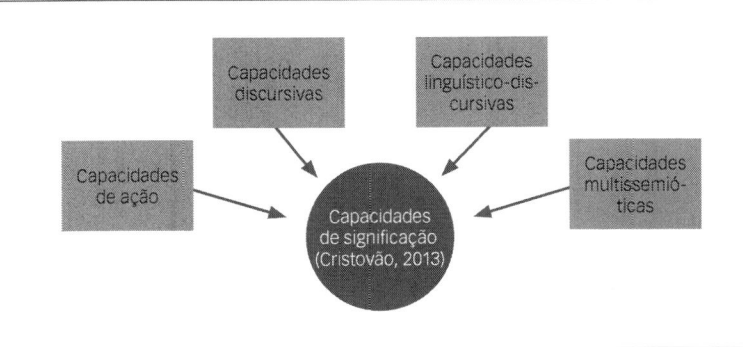

[Diagrama: Capacidades de ação, Capacidades discursivas, Capacidades linguístico-discursivas, Capacidades multissemióticas → Capacidades de significação (Cristovão, 2013)]

FONTE: Seminário..., 2015b.

Apesar de Dolz mencionar a existência de tal categoria durante palestra proferida nas Olimpíadas de Língua Portuguesa, não há trabalhos disponíveis até o momento que contemplem detalhadamente a visão do autor em relação a essas capacidades. No entanto, consideramos que estas desempenham um papel central quanto à análise de textos que apresentam materialidades sonoras, digitais e visuais. Trata-se, pois, de uma categoria de extrema relevância para a análise de um trabalho desenvolvido na perspectiva dos multiletramentos.

Sob essa perspectiva, no Quadro 5.1, a seguir, apresentamos as categorias e os critérios relativos às capacidades de linguagem já desenvolvidos por pesquisadores do ISD.

Quadro 5.1 – Capacidades de linguagem e critérios de classificação

Categorias	Critérios
CS (Capacidades de Significação) (2011)	(1CS) Compreender a relação entre textos e a forma de ser, pensar, agir e sentir de quem os produz; (2CS) Construir mapas semânticos; (3CS) Engajar-se em atividades de linguagem; (4CS) Compreender conjuntos de pré-construídos coletivos; (5CS) Relacionar os aspectos macro com sua realidade; (6CS) Compreender as imbricações entre atividades praxiológicas e de linguagem; (7CS) (Re)conhecer a sócio-história do gênero; (8CS) Posicionar-se sobre relações textos-contextos.

(continua)

(Quadro 5.1 – continuação)

Categorias	Critérios
CA (Capacidades de Ação) (2010)	(1CA) Realizar inferências sobre: quem escreve o texto, para quem ele é dirigido, sobre qual assunto, quando o texto foi produzido, onde foi produzido, para que objetivo; (2CA) Avaliar a adequação de um texto à situação na qual se processa a comunicação; (3CA) Levar em conta propriedades linguageiras na sua relação com aspectos sociais e/ou culturais; (4CA) Mobilizar conhecimentos de mundo para compreensão e/ou produção de um texto.
CD (Capacidades Discursivas) (2010)	(1CD) Reconhecer a organização do texto como *layout*, linguagem não verbal (fotos, gráficos, títulos, formato do texto, localização de informação específica no texto) etc. (2CD) Mobilizar mundos discursivos para engendrar o planejamento geral do conteúdo temático; (3CD) Entender a função da organização do conteúdo naquele texto; (4CD) Perceber a diferença entre formas de organização diversas dos conteúdos mobilizados.

(Quadro 5.1 – continuação)

Categorias	Critérios
CLD (Capacidades Linguístico--Discursivas) (2010)	(1CLD) Compreender os elementos que operam na construção de textos, parágrafos, orações; (2CLD) Dominar operações que contribuem para a coerência de um texto (organizadores, por exemplo); (3CLD) Dominar operações que colaboram para a coesão nominal de um texto (anáforas, por exemplo); (4CLD) Dominar operações que cooperam para a coesão verbal de um texto (tempo verbal, por exemplo); (5CLD) Expandir vocabulário que permita melhor compreensão e produção de textos; (6CLD) Compreender e produzir unidades linguísticas adequadas à sintaxe, morfologia, fonética, fonologia e semântica da língua; (7CLD) Tomar consciência das (diferentes) vozes que constroem um texto; (8CLD) Perceber as escolhas lexicais para tratar de determinado conteúdo temático; (9CLD) Reconhecer a modalização (ou não) em um texto; (10CLD) Identificar a relação entre os enunciados, as frases e os parágrafos de um texto, entre outras muitas operações que poderiam ser citadas; (11CLD) Identificar as características do texto que podem fazer o autor parecer mais distante ou mais próximo do leitor; (12CLD) Buscar informações com base em recursos linguísticos (relacionando língua materna e língua estrangeira, por exemplo).

(Quadro 5.1 – continuação)

Categorias	Critérios
CMS (Capacidades Multissemióticas) Citadas por Dolz (2015) e categorizadas por Cristovão e Lenharo (no prelo)	(1CMS) Compreender as relações de sentido entre elementos verbais e não verbais do gênero; (2CMS) Apreender os diferentes conhecimentos e sentidos que emergem de sons, vídeos e imagens; (3CMS) Reconhecer a importância de elementos não verbais para a construção de sentidos; (4CMS) Relacionar elementos não verbais com o contexto social macro que o cerca. (5CMS) Compreender os elementos semióticos na constituição do gênero.

FONTE: Lenharo, 2016, p. 31-32, grifo do original.

Portanto, as CMS têm relação direta com a questão dos multiletramentos ao enfocar as características não verbais de gêneros, sejam eles da esfera digital, artística, musical, visual etc. A definição de CMS seria, desse modo, compreender as diferentes semioses que se materializam em todos os elementos não verbais.

Dolz, Noverraz e Schneuwly (2004) afirmam que o procedimento SD é capaz de satisfazer alguns princípios que são dificilmente seguidos de forma integral por outras abordagens, quais sejam: (i) a busca pelo trabalho conjunto entre escrita e oralidade; (ii) uma concepção que seja realizável no contexto do ensino obrigatório; (iii) foco nas dimensões textuais da oralidade e escrita; (iv) material com inúmeros exemplares de textos de referência; e (v) a elaboração de um projeto de classe.

A finalidade básica de uma SD é auxiliar o aluno no desenvolvimento de habilidades para a produção em um gênero textual. É possível que, ao longo da SD, o professor se utilize de outros gêneros para ajudar na elaboração de um gênero específico, mas o trabalho será conduzido a fim de possibilitar ao aluno a produção somente deste último, que envolve uma ação de linguagem específica. Segundo Schneuwly e Dolz (1999, p. 6), a ação de linguagem diz respeito a "produzir, compreender, interpretar e/ou memorizar um conjunto organizado de enunciados orais ou escritos", ou seja, envolve a compreensão e a produção do gênero textual mais apropriado para determinada situação comunicativa.

O trabalho com gêneros permite ampliar os conhecimentos dos alunos no sentido do saber se comunicar, seja oralmente, seja por escrito, em situações novas de linguagem. Sob essa ótica, a SD pode focar tanto gêneros que o aluno ainda não domina ou em que apresenta dificuldades quanto gêneros de difícil acesso, por vezes mais complexos do que aqueles que usamos frequentemente em nosso dia a dia.

A SD é composta por quatro fases principais. A primeira delas é chamada de **apresentação inicial**. Nela, os alunos entram em contato com a situação de comunicação na qual devem agir por meio da linguagem. Nessa fase, o projeto coletivo de produção do gênero é negociado com os alunos de maneira explícita, para que fiquem claras as informações sobre o gênero que será abordado, o possível destinatário e o local de circulação, a forma que ela tomará e quem serão os responsáveis pela produção do gênero.

A fase seguinte é a da **produção inicial**, quando os alunos realizam a primeira versão do gênero selecionado na apresentação inicial. Por meio dessa produção, o professor é capaz de analisar quais saberes os alunos já dominam acerca de tal gênero e o que eles ainda precisam aprimorar, sendo tais informações de fundamental importância para a próxima fase, composta pelos módulos.

Também chamados de *seções* (Lanferdini, 2012; Stutz, 2012), os **módulos** constituem conjuntos de atividades variadas e orientadas para trabalhar os principais problemas demonstrados pelos alunos na produção inicial. Eles devem ser divididos em quantos forem necessários para que os alunos possam desenvolver suas capacidades de linguagem, ou seja, uma SD pode ter um, dois ou mais módulos. Ainda assim, é recomendado que o professor não crie módulos em demasia na tentativa de que os alunos se aperfeiçoem no gênero em estudo. A intenção, no caso, é que tais módulos levem o aluno à compreensão do cerne de conhecimentos relativos ao gênero em tela.

Por fim, a última fase é denominada **produção final**. Nessa parte, os alunos já realizaram diferentes atividades de modo a ampliar seus conhecimentos acerca do gênero e da situação de comunicação como um todo e, portanto, podem se utilizar desse aprendizado para uma elaborar uma nova versão do gênero proposto. Essa versão pode ser uma nova produção ou a própria refacção da versão produzida inicialmente. O texto final pode, também, servir como uma avaliação do tipo somativa, em que os alunos mobilizam as capacidades desenvolvidas ao longo da SD e as materializam na produção de um gênero escrito ou oral. Após a produção final, é possível iniciar outra fase: a de circulação do gênero produzido.

Na Figura 5.2, apresentamos a esquematização clássica da SD.

FIGURA 5.2 – ESTRUTURA DA SD

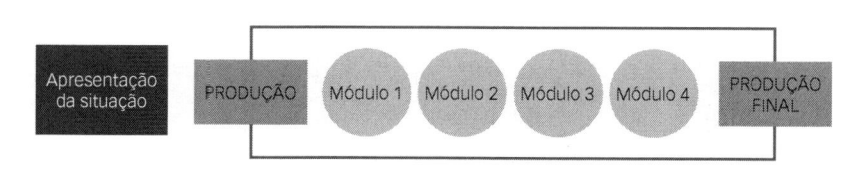

| Apresentação da situação | PRODUÇÃO | Módulo 1 | Módulo 2 | Módulo 3 | Módulo 4 | PRODUÇÃO FINAL |

FONTE: Dolz; Noverraz; Schneuwly, 2004, p. 97.

Apesar de esse esquema ser clássico e o mais divulgado como representação da estrutura da SD, ele foi questionado e problematizado durante reuniões do grupo de pesquisa em Linguagem e Educação (LED) da Universidade Estadual de Londrina (UEL), sendo caracterizado como linear e fechado, o que não condiz com o que se observa na prática, ao se estudarem as intervenções e os trabalhos pautados no ISD. Além disso, ele não contempla a fase de circulação do gênero, embora esta seja um elemento-chave para a SD e que poderia ser retratado como uma etapa após a produção final, de importância semelhante à da fase da apresentação inicial.

Em substituição à Figura 5.2, Miquelante, Cristovão e Pontara (2020) propõem um modelo mais dinâmico (Figura 5.3), semelhante à molécula de DNA do corpo humano e que tem por finalidade fornecer uma dimensão maior do todo que envolve a SD, enfatizando justamente o movimento de ir e vir e a plasticidade do trabalho realizado. Nesse esquema, também são postas em evidência as capacidades de linguagem apresentadas em detalhe no Quadro 5.1.

FIGURA 5.3 – ESQUEMA DE REPRESENTAÇÃO DA SD

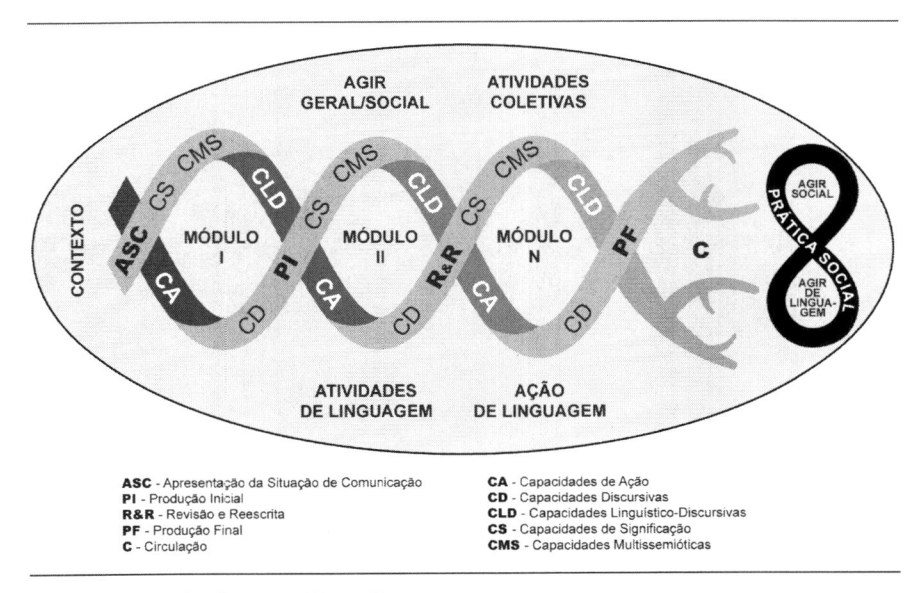

![Esquema de representação da SD mostrando módulos I, II e N com capacidades de linguagem, desde a Apresentação da Situação de Comunicação até a Circulação, relacionando Agir Geral/Social, Atividades Coletivas, Atividades de Linguagem e Ação de Linguagem.]

ASC - Apresentação da Situação de Comunicação
PI - Produção Inicial
R&R - Revisão e Reescrita
PF - Produção Final
C - Circulação

CA - Capacidades de Ação
CD - Capacidades Discursivas
CLD - Capacidades Linguístico-Discursivas
CS - Capacidades de Significação
CMS - Capacidades Multissemióticas

FONTE: Miquelante; Cristovão; Pontara, 2020, p. 157.

Quanto às escolhas dos professores sobre quais gêneros abordar em sala de aula, Dolz, Noverraz e Schneuwly (2004) propõem o conceito de **agrupamento de gêneros**. Esse agrupamento serve para ajudar o professor a selecionar os gêneros adequados para trabalhar com alunos em diferentes séries ou ciclos. A cada ciclo que passa, tais gêneros aumentam o grau de especificidade e complexidade, de modo a possibilitar aos alunos a criação de desafios pautados em conhecimentos já vistos em séries antecedentes. Ademais, o trabalho com agrupamentos sugere a noção de progressão em espiral: a ideia de que os gêneros pertencentes a diversos agrupamentos sejam trabalhados em todos os anos, porém com diferentes níveis de complexidade e exigência à medida que os anos avançam.

Há no intertexto* diversos gêneros textuais que se constituem em modelos para a comunicação humana e por meio dos quais interagimos socialmente. Cada um desses modelos é mais adaptável à situação de ação de linguagem que se quer desempenhar. Com a ampliação das formas semióticas com as quais produzimos sentido na contemporaneidade, surgiram gêneros com as características das novas formas de comunicação: os gêneros multimodais, os quais abordaremos na seção a seguir.

cincopontodois
Gêneros multimodais

Gêneros multimodais são aqueles que envolvem mais de uma materialidade da língua, ou seja, apresentam um entrelaçamento de diferentes modalidades de linguagem. Um vídeo, por exemplo, pode ser um gênero multimodal, uma vez que geralmente se observam em sua composição imagem em movimento, texto escrito e som. O indivíduo que entra em contato com esse tipo de

---

* O intertexto refere-se a um conjunto simbólico formado pelos diferentes gêneros textuais disponíveis para a comunicação humana (Bronckart, 2012). O termo *arquitexto*, utilizado por Bronckart (2005), constitui-se em um sinônimo de *intertexto*.

gênero se vê inundado de informações sensoriais e é convidado a lidar com todas elas simultaneamente.

Com o avanço das tecnologias, tornou-se muito mais fácil criar esses gêneros multimodais. Muitas pessoas postam *stories* em redes sociais e compartilham memes, *gifs*, entre outros. Todos esses exemplos são ricos em multimodalidade, pois trazem várias "roupagens" assumidas pela língua. No entanto, o trabalho com a multimodalidade sempre esteve presente mesmo sem o uso das tecnologias digitais, sobretudo no caso de professores de línguas, cuja árdua tarefa é facilitar o entendimento de uma língua nova por meio de diferentes formas.

Não são sem razão as brincadeiras que se fazem sobre o fato de professor de inglês ser aquele que está sempre carregando um aparelho de som. Isso porque, em geral, o professor de línguas está habituado a lidar com outras modalidades da língua em sala de aula, para que os alunos entendam as nuances do código linguístico. Além disso, a ideia é sempre ajudar os alunos a construir significado, e sabemos que os significados não são só verbais.

Uma tirinha, por exemplo, é um gênero multimodal. Muitos trabalhos têm se debruçado sobre o uso de tirinhas e histórias em quadrinhos (HQs) no ensino de inglês (Pontara; Cristovão, 2020). Esse gênero permite unir os significados produzidos de forma imagética com os significados possíveis veiculados no texto verbal escrito. Ainda, o uso de onomatopeias amplia a multimodalidade (Figura 5.4), uma vez que o texto escrito é utilizado para representar sons.

Figura 5.4 – Onomatopeias em tirinhas

solarseven/Shutterstock

Outro exemplo de gênero multimodal é o infográfico, que pode tanto conter mídia estática como em movimento, a depender de onde é veiculado. Caso seja divulgado na internet ou em um telejornal, poderá aparecer de forma dinâmica e em movimento; se for publicado em uma revista ou em um jornal impresso, aparecerá na forma de uma imagem estática cujo foco é tornar a comunicação mais rápida.

Ao tratar do infográfico, Ribeiro (2016, p. 34) destaca que "a escolha do leiaute, das cores, da hierarquia das informações desenha uma página e um discurso". Dessa maneira, saber interpretar infográficos corretamente nos coloca em uma posição de leitores mais qualificados para entender os diversos discursos propagados em composições que unem imagem, sons, textos, cores e movimentos.

Tendo em vista esses atributos que são ferramentas do cotidiano, vamos discutir, na sequência, os gêneros multimodais no contexto da *web*.

cincopontotrês
Gêneros multimodais no contexto digital

Conforme vimos anteriormente, textos multimodais não pertencem somente à esfera digital. Na realidade, considerando as ideias de Kress (2003), entendemos que a linguagem é vista como multimodal, independentemente de estar ou não atrelada à tecnologia digital. Ainda assim, o contato com o sistema binário do computador pode fornecer ferramentas e subsídios que potencializem o aprendizado.

Ao relatar uma experiência em sala de aula em que os alunos se engajaram na produção de infográficos, Ribeiro (2016) comenta que, inicialmente, eles dispunham apenas da criatividade e de ferramentas manuais para suas produções. Ao final da experiência, a professora os levou para uma sala com computadores, e o resultado foi que os alunos que não tinham uma ideia formada sobre como produzir um infográfico puderam se beneficiar das funcionalidades presentes no *software* de edição, por meio da utilização de diagramas pré-produzidos. Segundo a autora, "o computador pode auxiliar na execução de tarefas que não poderiam ser feitas ou acabadas à mão; assim como talvez possa oferecer opções prontas para situações em que seria preciso pesquisar e pensar mais" (Ribeiro, 2016, p. 68).

A multimodalidade, de fato, é exercida de modo mais fácil e ágil por meio dos recursos digitais. Conforme nos lembram Braga e Vóvio (2015), a máquina utiliza a linguagem binária (0 e 1) para transformar impulsos elétricos em diversas outras formas semióticas de linguagem. Essa linguagem não é de conhecimento dos leigos, ou seja, dos não especializados em sistemas de informação. No entanto, mesmo sem sabermos como esses algoritmos funcionam, convivemos com eles dia e noite por meio de diversas redes sociais e variados *softwares* que utilizamos para trabalhar, estudar ou espairecer.

Considerando essa realidade, a escola não pode ficar à parte dessas mudanças. Tratar de gêneros multimodais da esfera digital é importante para que os alunos se tornem melhores leitores e produtores desses gêneros, além de contribuir para que possam fazer escolhas mais informadas ao se comunicarem. Nessa ótica, de acordo com Braga e Vóvio (2015, p. 61),

> *É necessário incorporar às práticas escolares novas práticas de letramento digital que impliquem a participação por meio da mobilização de gêneros multimodais e o conhecimento de como esses textos funcionam nas mais diferentes situações, sem eximir-se de explorar as tensões que as relações de poder impõem nessas interações.*

Braga e Vóvio (2015) também chamam a atenção para o fato de que, diante da inserção da tecnologia nas escolas, não basta apenas o acesso às máquinas; é necessário, também, contar com internet de qualidade e professores capacitados para mediar o processo de aprendizagem dos estudantes em contato com as máquinas de forma proveitosa e inteligente, a fim de ampliar o letramento digital dos alunos.

Por fim, Sampaio e Leite (2018) defendem a necessidade de uma alfabetização tecnológica do professor. Assim como a alfabetização do código escrito é essencial para convivermos em sociedade, também a habilidade de manusear as tecnologias de modo mais consciente se constitui em uma ferramenta indispensável para os profissionais da educação.

Síntese

Neste capítulo, buscamos traçar a origem do conceito de gêneros para esclarecer o que são gêneros multimodais. Analisamos as diferenças entre gêneros de texto e gêneros do discurso, assim como a concepção da sequência didática (SD) com base no quadro teórico-metodológico do interacionismo sociodiscursivo (ISD) e a ideia subjacente aos gêneros multimodais, tanto os relacionados ao meio digital como os empregados fora dele.

Atividades de autoavaliação

1. Qual das alternativas a seguir melhor expressa a diferença entre gêneros de texto e gêneros do discurso?

a. Os dois termos são intercambiáveis entre si, e a diferença entre eles se refere a uma questão estilística.

b. Os gêneros do discurso são estudados apenas por teóricos do letramento crítico, ao passo que os gêneros de texto são analisados por linguistas aplicados.

c. Gêneros de texto e gêneros do discurso são dois tipos diferentes de gêneros, com foco no ensino de língua estrangeira e de língua materna, respectivamente.

d. A expressão *gêneros de texto* é usada por pesquisadores preocupados com a materialidade textual dos gêneros, ao passo que o termo *gêneros do discurso* é vinculado a pensadores bakhtinianos.

e. Os dois termos são sinônimos, e a linguística não faz distinção quanto ao seu uso.

2. O que são sequências didáticas?

a. São sequências sem objetivos definidos, realizadas de forma improvisada pelos docentes de línguas.

b. São modelos estáticos de ensino-aprendizagem de gêneros.

c. São blocos estruturados de atividades em torno da leitura de gêneros e em sua posterior produção para a circulação em meio escolar.

d. São conjuntos de atividades que apresentam um número definido de objetivos e que buscam proporcionar o desenvolvimento das capacidades de linguagem dos alunos.

e. São conjuntos de procedimentos didáticos cujo objetivo é fazer os alunos ampliarem seu repertório linguístico por meio do ensino de múltiplas línguas.

3. Uma sequência didática típica tem quantas fases?
a. Quatro.
b. Seis.
c. Duas.
d. Três.
e. Cinco.

4. Sobre os gêneros multimodais, assinale a alternativa correta:
a. Podem ser encontrados apenas no meio virtual.
b. Precisam conter imagem para que a multimodalidade possa ser percebida.
c. Envolvem mais de uma materialidade da língua, ou seja, apresentam um entrelaçamento de diversas modalidades de linguagem.
d. Abrangem uma materialidade verbal e outra de qualquer outro tipo.
e. Existem somente em função das tecnologias, uma vez que, antes delas, os gêneros eram fenômenos linguísticos puros, constituídos de apenas uma materialidade.

5. Segundo Braga e Vóvio (2015), quais seriam os três elementos necessários para a inserção correta da tecnologia nas escolas?
a. Professores capacitados, máquinas de alta *performance* e profissionais de tecnologia da informação.
b. Acesso às máquinas, internet de qualidade e professores capacitados.
c. Acesso às máquinas, internet à rádio e profissionais de tecnologia da informação.

d. Acesso às máquinas, professores capacitados e parcerias com empresas de tecnologia.

e. Professores capacitados, letramento digital e internet de qualidade.

Atividades de aprendizagem

Questões para reflexão

1. De que formas os professores podem exercer uma mediação efetiva da aprendizagem dos alunos por meio das tecnologias digitais?

2. Para ensinar línguas, é realmente necessário incorporar gêneros que fazem parte da vida dos alunos? Até que ponto é preciso recorrer a elementos que são do cotidiano dos discentes?

Atividade aplicada: prática

1. Elabore um texto reflexivo em que você relate sua experiência com tecnologias digitais. Quando você iniciou seu contato com as máquinas? No início, você sentiu dificuldades? Atualmente, como você julgaria sua habilidade com esses recursos?

um   Do letramento aos novos letramentos
dois   Multiletramentos e multimodalidade
três   Multimodalidade e hipertexto: conceitos e convergência das mídias
quatro   Hipermodernidade, hiperinformação e culturas de rede
cinco   Multiletramentos e gêneros multimodais no contexto digital

seis Práticas pedagógicas e tecnologias digitais de informação e comunicação

❰ CHEGAMOS AO FINAL de nossa jornada pelas teorias de multiletramentos e tecnologia. Neste capítulo, vamos nos aprofundar nas relações entre as tecnologias digitais de informação e comunicação (TDICs) e o ensino-aprendizagem de línguas. Assim, examinaremos as mudanças que as tecnologias trouxeram para o universo da sala de aula e para os principais atores sociais envolvidos com a educação: alunos e professores. Também abordaremos o impacto das práticas digitais contemporâneas sobre os materiais didáticos, tanto impressos quanto digitais. Por fim, encerraremos a análise das noções desenvolvidas sobre os temas centrais da obra fazendo uma reflexão acerca da importância da diversidade cultural e das linguagens como elementos constituintes da escola e que devem ser trabalhados na formação de professores.

seispontoum
Tecnologias digitais: novos modos de ensinar e aprender

É inegável que a influência das TDICs alterou as formas de nos relacionarmos com o conhecimento, modificando o modo como aprendemos, nos comunicamos e agimos. Em razão disso, precisamos discutir o impacto de tais alterações sobre as experiências educacionais.

No ensino remoto instaurado entre 2020 e 2021, em virtude da pandemia de covid-19, muitos professores foram levados a ensinar usando ferramentas de videoconferência, além de precisarem recorrer ao ambiente virtual para substituir as interações realizadas na comunicação face a face. O problema é que muito do que aconteceu nas salas foi uma simples transposição dos conteúdos da forma como eram trabalhados na sala de aula convencional. Nesse sentido, ficou evidente que muitos docentes adotavam uma pedagogia tradicional de transmissão, em que o professor se localiza no centro e comanda o tempo de fala dos encontros, deixando pouco espaço para que os alunos expressem sua voz e agência, o que os leva a adotar uma postura passiva diante do aprendizado e do conhecimento.

Menezes de Souza (2011a), inspirado em Paulo Freire (1996), ressalta que ensinar não constitui uma mera transferência daquilo que sabemos ou aprendemos. Essa compreensão deve ser clara para o professor em formação, pois ele precisa entender que sua vivência como aluno (embora seja a base de tudo o que sabe sobre ensinar) não pode representar um parâmetro exclusivo na hora de ensinar. Somam-se a isso os desafios impostos pelas trocas comunicativas contemporâneas, elencados anteriormente quando discutimos as teorias de letramento. Segundo o autor, não se pode desconsiderar o fato de que a comunicação digital, em seus variados moldes, tem alterado as formas de ensino-aprendizagem, de modo que é possível estabelecer trocas comunicativas sem necessariamente ter um contato pessoal – através de meios virtuais, por exemplo (Menezes de Souza, 2011a).

As novas formas de aprender remetem à complexidade da existência dos seres humanos e representam um desafio urgente a ser colocado em pauta na educação. Isso porque o professor em formação lida com seu próprio processo formativo e poderá, por sua vez, orientar seus alunos na caminhada individual do processo de "ler-se lendo". Nas palavras de Menezes de Souza (2011a, p. 285): "a complexidade desse mundo de hoje não está lá fora, está aqui dentro de cada um de nós".

Por fim, o autor defende que o papel dos professores hoje em dia é o de ensinar novas formas de buscar conhecimento: "Não são mais conteúdos que são valorizados, mas a capacidade de buscar novas informações, a capacidade de autoatualização de perceber quando uma informação já não tem mais o mesmo valor e procurar outro pra atualizar, capacidades de atualização, de colaboração" (Menezes de Souza, 2011a, p. 289-290, grifo do original).

Em conexão direta com essa noção, Kalantzis, Cope e Pinheiro (2020, p. 27) discutem o que chamam de *new learning*, que apresenta, entre outras características, a aprendizagem ubíqua, por meio da qual os estudantes

> podem se autoavaliar criticamente e refletir sobre sua própria aprendizagem; podem dar retorno (feedback) aos textos de seus pares por meio de interações sociais em rede; podem atuar de forma confortável em ambientes nos quais a inteligência é coletiva e a escrita é colaborativa; podem buscar informações na internet, com outros colegas, com experts (entre eles, os próprios professores), com seus pais e com membros de suas comunidades.

Ao ler essa série de exemplos fornecida pelos autores, lembrei-me da minha própria experiência como usuária de redes sociais nos idos de 2009, quando procurei informações sobre personagens de um *anime* (desenho animado japonês) que assistia à época. O desenho era transmitido na televisão japonesa, porém, para aqueles que não tinham acesso a canais estrangeiros, a única alternativa para acompanhá-lo era fazer o *download* dos episódios que eram disponibilizados por outros usuários da rede em *sites* e *blogs* especializados.

Eu era fã incondicional de *Bleach, anime* que se passava no mundo da Soul Society, cujos personagens principais eram Ichigo (um jovem de cabelo ruivo que cursava o ensino médio) e Rukia (uma *shinigami* centenária com aparência jovial, responsável por proteger os humanos das almas mal-intencionadas – *hollows* – que porventura escapassem da Soul Society).

Ávida pelos desdobramentos do enredo e dos personagens descritos, procurei na hoje falecida rede social Orkut por informações sobre o *anime* e encontrei uma jovem tão ávida quanto eu, cujo sonho era ser escritora. Para exercitar a escrita, ela escrevia *fanfictions* de *Bleach* e as postava em uma comunidade de fãs do *anime* no Orkut.

Meu passatempo favorito das sextas-feiras era ficar a tarde toda lendo os capítulos que ela postava no Orkut para, ao final, tecer comentários ricos em detalhes acerca de pontos positivos e negativos daquele capítulo, assim como sobre erros ortográficos, cenas marcantes, entre outros movimentos de crítica literária pós-moderna.

Eu ainda cursava o ensino médio, e a jovem escritora, também. Hoje, ambas somos formadas em Letras e professoras de inglês, com o diferencial de que a minha colega já tem alguns livros publicados e segue seu sonho de ser uma escritora de prestígio, enquanto eu segui a carreira acadêmica.

À época, nós trocamos algumas cartas e tínhamos um maior contato pelo MSN Messenger, embora ainda conversemos esporadicamente por meio de outras redes sociais, como Twitter e Instagram, e relembremos a nossa paixão por *Bleach*. Somos amigas, apesar de nunca termos tido a oportunidade de nos conhecermos pessoalmente (ainda).

Essa história serve para mostrar como podemos ser incluídos naquilo que Kalantzis, Cope e Pinheiro (2020) chamam de *geração P* (participativa), em que os sujeitos são descritos como tendo sensibilidades diferentes por participarem de diversas práticas sociais possibilitadas pelo acesso ao *smartphone* e aos aplicativos e ferramentas que ele disponibiliza para a construção de sentidos e o exercício de agentividade. Além disso, novas formas de relacionamento com o conhecimento e com o outro são características marcantes da geração P. Em virtude dessas particularidades, os autores afirmam que é preciso pensar em novos professores, capazes de lidar com os novos alunos, como exemplifica o Quadro 6.1, a seguir.

QUADRO 6.1 – NOVA APRENDIZAGEM (*NEW LEARNING*)

Novos alunos	Novos professores
Pesquisar informação usando múltiplas fontes e mídia.	Engajar os alunos como ativos construtores de significados.
Analisar ideias a partir de múltiplas perspectivas.	Projetar ambientes de aprendizado em vez de apenas regurgitar e entregar conteúdo.
Trabalhar em grupos como construtores de significados colaborativos.	Fornecer aos alunos oportunidades de usar novas mídias.
Enfrentar questões difíceis e resolver problemas.	Usar novas mídias para um *design* de aprendizagem e facilitar o acesso do estudante à aprendizagem a qualquer momento e de qualquer lugar.

(continua)

(Quadro 6.1 – conclusão)

Novos alunos	Novos professores
Assumir responsabilidade pela sua aprendizagem.	Ser capaz de dar mais autonomia aos alunos quando estes passarem a assumir mais responsabilidade por sua aprendizagem.
Continuar seu aprendizado de forma independente e para além do livro didático e da sala de aula.	Oferecer uma variedade de caminhos de aprendizagem para diferentes alunos.
Trabalhar de perto com os outros colegas em um ambiente que fomente a inteligência coletiva.	Colaborar com outros professores, compartilhando *designs* de aprendizagem.
Criticamente autoavaliar seu próprio pensamento e aprendizagem.	Avaliar continuamente a aprendizagem e o progresso dos alunos, usando essa informação para criar experiências de aprendizagem mais apropriadas para diferentes aprendizes.

FONTE: Kalantzis; Cope; Pinheiro, 2020, p. 28.

O Quadro 6.1 apresenta maneiras distintas de se relacionar com o conhecimento, as quais evidenciam as mudanças pelas quais passamos nos últimos anos. O ambiente colaborativo da internet impulsiona a existência de trabalhos que paulatinamente vão deixando de focar a aprendizagem individual para privilegiar uma aprendizagem em grupo. Ademais, os professores são encorajados a elaborar projetos inter/multidisciplinares, de forma a proporcionar aos alunos espaços de integração dos diversos saberes antes aprendidos apenas em disciplinas isoladas.

Com a possibilidade de o professor se colocar mais como um mediador das aprendizagens dos alunos, também fica em segundo plano a necessidade de exigir que todos os alunos sigam um mesmo ritmo, como era prescrito na pedagogia tradicional. Isso garante um processo de aprendizagem mais democrático, uma vez que não importa se os alunos estão na mesma página o tempo todo, e sim que estejam desenvolvendo suas habilidades, a depender de suas capacidades, de seus talentos, assim como de seus interesses e ritmos próprios.

Cabe ao professor, igualmente, conscientizar os pais ou responsáveis de seus alunos, bem como a comunidade em que vive, sobre a necessidade de promover mudanças nos processos de aprendizagem dos discentes, tendo em vista as exigências da contemporaneidade. Assim, os pais (ou responsáveis) precisam apoiar os estudantes em projetos nos quais eles sejam cada vez mais protagonistas e proativos. Quanto mais os alunos desenvolverem essa consciência, mais fácil será a inserção desses cidadãos na sociedade e no mercado de trabalho.

Considerando que o material didático é um dos instrumentos fundamentais para guiar as práticas docentes, abordaremos, na próxima seção, as influências que as TDICs exerceram sobre os convencionais livros didáticos usados no ensino.

seispontodois
O material didático e as tecnologias digitais

Os ambientes de aprendizagem contemporâneos são bem distintos dos que existiam anos atrás. A escola e a sala de aula perderam a condição de espaço privilegiado ou de único local para o desenvolvimento de capacidades e habilidades. Para aprimorar as formas por meio das quais a escola e a aprendizagem formal podem beneficiar os educandos, é necessário levar em conta novos modos de interagir com os materiais disponibilizados, além de repensar a maneira como tais interações são construídas.

    O material didático sempre foi um elemento-chave na aprendizagem e até hoje gera debates polêmicos, especialmente no ensino de línguas. O fato de algumas escolas de idiomas adotarem materiais importados, que não refletem as realidades dos alunos brasileiros, por vezes torna o aprendizado de uma língua estrangeira pouco estimulante. Além disso, as TDICs apresentam estímulos visuais e sonoros que são capazes de chamar a atenção dos alunos de forma muito mais efetiva que o tradicional livro impresso. Diante do exposto, cabe o questionamento: O que fazer com relação aos livros didáticos em meio às mudanças provocadas pelas TDICs?

    Em primeiro lugar, tais materiais precisam considerar essas mudanças e adotar uma postura de inclusão do vocabulário, das técnicas e das particularidades do meio digital. Se a intenção é preparar os jovens para o que ainda está por vir, não é possível imaginar um futuro em que não haja interação do homem com a máquina. Quanto mais os alunos forem instruídos e, melhor ainda, letrados digitalmente, mais chances se abrirão para a inovação e melhores oportunidades poderão surgir futuramente, tanto para os jovens individualmente quanto para a sociedade como um todo.

É preciso, também, que os materiais não sejam somente impressos e possam favorecer um trabalho em conjunto com o meio digital. Segundo Coscarelli (2016), a leitura convencional e a leitura *on-line* envolvem muitos processos distintos: enquanto a primeira exige a decodificação das letras e a construção dos sentidos veiculados no papel, a segunda demanda, ainda, a execução de alguns movimentos físicos na tela, como arrastar, clicar e digitar, os quais se vinculam à ação de navegar. Desse modo, os materiais didáticos devem proporcionar momentos em que os alunos sejam desafiados a navegar e entender a mecânica e a gramática do meio digital.

A ideia da navegação implica que o usuário tenha uma percepção a respeito da página em que ele se encontra, considerando-se por que chegou até ela, de onde veio e para onde vai em seguida. Além disso, é possível desenvolver a capacidade de prever os conteúdos disponíveis em *hyperlinks*, seja por meio da leitura do domínio (www), seja pela caixa de informação que aparece quando o *mouse* é posicionado em cima do *link*. Para muitos, esta é uma habilidade banal ou instintiva, mas os usuários menos experientes ou os mais novos talvez não dominem esse tipo de antecipação e, por isso, talvez não recorram a esse conhecimento enquanto navegam na rede. Tal habilidade, por sua vez, propicia o aprimoramento de processos incluídos no domínio do navegar, como selecionar conteúdos pertinentes em uma busca e inferir o conteúdo de uma página a partir do *link* disponível. Outro conhecimento de extrema importância diz respeito à possibilidade de identificar *sites* confiáveis ou não, seja em buscadores como o Google, seja em *links* enviados por mensagens de *e-mail*.

Embora o termo *navegar* esteja mais conectado ao universo das TDICs, Coscarelli (2016, p. 68) faz uma ressalva sobre ele:

> *Não queremos dizer, no entanto, que não se navegue no impresso. Já estamos tão acostumados a ver e ler textos impressos que não nos damos conta de que eles também requerem navegação. Leitores experientes numa livraria, por exemplo, costumam pegar o livro, olhar a capa e virá-lo para ler a quarta capa. Esse é um gesto, entre outros, que indica que ele sabe navegar nesse material.*

Nessa ótica, fica evidente que o trabalho com os materiais didáticos contemporâneos deve engendrar o ensino e a prática da navegação, tanto no suporte impresso como no digital, de modo a potencializar as habilidades leitoras dos alunos em todos os espaços que promovem práticas de letramento. Soma-se a isso a necessidade de preparar profissionais para um futuro que nem conhecemos e, até mesmo, para profissões que sequer foram criadas. Estas certamente lidarão com as TDICs em algum nível e exigirão dos profissionais o domínio crítico e fundamentado das práticas do mundo digital.

Uma das vantagens da internet se refere à possibilidade de, sem sairmos de casa, entrarmos em contato com outras culturas e linguagens. Sob essa perspectiva, a seguir, trataremos da importância dessa diversidade no meio educacional.

seispontotrês
Diversidade cultural e de linguagens na escola

Conforme vimos anteriormente, a preocupação da pedagogia dos multiletramentos se estabelece em dois níveis: o da multimodalidade e o da multidiversidade cultural (multiculturalismo). Nos capítulos anteriores, explicamos as relações entre a multimodalidade e a contemporaneidade, especificando os impactos das TDICs nas trocas comunicativas atuais. Agora, passaremos a refletir sobre a importância de tornar a escola um espaço em que os alunos possam conhecer, compartilhar e cultivar diversas trocas culturais por meio das potencialidades do ambiente digital.

  Historicamente, a escola se tornou o local em que a cultura erudita deveria ser valorizada e disseminada. Havia pouco espaço para a discussão e a problematização da cultura de massa, que era considerada inferior. Entretanto, com o avanço das mídias e a perda de espaço dos lugares e movimentos canônicos, a multiplicidade de culturas passou a se fazer cada vez mais presente em nosso cotidiano, seja em ambientes escolares ou não. Os movimentos de migração e a globalização nos colocam em contato constante com povos, línguas e nacionalidades diferentes, os quais, por sua vez, nos ajudam a compreender nossos próprios costumes e crenças, afetando nossas percepções culturais.

Esses movimentos se intensificaram com as TDICs, produzindo significados e textos dotados de múltiplas semioses. Segundo Kalantzis, Cope e Pinheiro (2020, p. 64), vivemos uma "mudança histórica na qual culturas nacionais singulares, assimiladoras e homogeneizadoras têm menos influência do que antes". Os Estados-nação que representam a Era Moderna estão enfraquecidos, embora haja movimentos de nacionalismo em alguns cantos do globo.

Assim, o que vivemos hoje é uma tensão das fronteiras entre tais Estados, de modo que as empresas que atualmente controlam o mundo financeiro são transnacionais, ou seja, não ocupam uma posição fixa. Por exemplo, há organizações criadas na Alemanha, mas que desenvolvem a maioria de suas operações em territórios americanos ou asiáticos, e estas só são possíveis por conta dos processos de produção e comunicação altamente informatizados.

Além desse movimento de acirramento da heterogeneidade, as trocas de mensagens intensas levam as pessoas a problematizar questões de raça, etnia, gênero e orientação sexual, o que gera uma maior distribuição de conhecimentos em torno de temas que, por muito tempo, foram fixados em padrões binários pelos grupos dominantes. O papel da escola nesse cenário é, portanto, levar os alunos a compreender e reconhecer as diferenças como constitutivas do ser humano, especialmente na contemporaneidade.

Mais ainda, não basta apenas entender e reconhecer: também é necessário educar os jovens para o respeito às diferenças, bem como para a constante negociação de sentidos por meio das línguas e das linguagens. O contato com línguas estrangeiras e com as linguagens multimodais potencializa o aprendizado e o desenvolvimento dos indivíduos, pois indica formas diferentes de enxergar e interpretar a realidade. Diante disso, é preciso ensinar os jovens que a diferença faz parte de todos e que o embate com o outro proporciona o encontro com o diferente, o que resulta em nosso aprimoramento pessoal.

A ampliação das lentes com as quais enxergamos o mundo nos leva a um aprendizado interior acerca de nossas próprias identidades em relação às dos outros. Em um mundo de multiplicidades, podemos entender que as identidades individuais são multifacetadas, compostas de várias camadas de práticas associadas às diversas esferas que ocupamos: escolar, profissional, religiosa, esportiva, de afinidades, de entretenimento, entre outras.

Desse modo, Kalantzis, Cope e Pinheiro (2020, p. 66) advogam por novos letramentos para tempos de mudanças:

> *A língua e outros modos de comunicação se tornam um marcador crucial das diferenças do mundo da vida, como o sotaque, o vocabulário, os estilos de construção de significados, ou as imagens que se comunicam nas mídias sociais, por exemplo. À medida que os mundos da vida se tornam mais divergentes e suas fronteiras se tornam mais confusas, o fator central da língua(gem) passa a ser a multiplicidade de significados e sua contínua intersecção. Nessa perspectiva, pode-se dizer que, assim como existem várias camadas para a construção identitária, há vários discursos de identidades e imagens do 'eu' a*

serem negociados, o que cria um novo desafio para a pedagogia dos letramentos.

Estamos vivendo na sociedade do conhecimento. Isso impõe ao trabalho educacional a necessidade de discutir as questões contemporâneas em sala de aula, para que, por meio de debates, reflexões e comentários, seja possível contribuir para o pleno desenvolvimento dos alunos, levando-os a cultivar valores humanos como ética, tolerância e responsabilidade.

Nesse sentido, o trabalho com o ensino de línguas constitui um campo fértil para a promoção desses espaços de desenvolvimento, e o primeiro passo é investir na formação de professores preocupados com tais valores e sintonizados com as mudanças pelas quais as sociedades passam em cada época.

Síntese

Neste capítulo final, procuramos abordar as alterações para o meio educacional e seus atores impulsionadas pelas tecnologias digitais de informação e comunicação (TDICs) e a mudança de *ethos* provocada por elas. Tratamos das diversas práticas que fazem parte do que se espera dos novos alunos e professores, além de discutirmos a importância dos materiais didáticos que estão sendo produzidos para dar conta das exigências contemporâneas. Vimos que é preciso incorporar o jargão do meio digital mesmo nos materiais impressos, de modo que os alunos desenvolvam as habilidades de navegação leitora tanto no papel quanto na tela.

Por fim, destacamos que as TDICs contribuem para diluir as fronteiras entre Estados e povos, gerando cidadãos multilíngues e multiculturais. Mesmo aqueles que ainda conservam hábitos monolíngues e práticas culturais de antepassados são desafiados a negociar sentidos com povos variados que circulam por diferentes espaços do globo. Dessa forma, cabe aos educadores ter consciência de que o respeito, a ética e a tolerância são valores aprendidos também na escola e promover debates que justifiquem os mais variados modos de existir no mundo. Nessa perspectiva, as TDICs só têm a ajudar a potencializar esse tipo de aprendizado, uma vez que permitem trocas instantâneas com pessoas em qualquer região do globo.

Atividades de autoavaliação

1. Qual característica da educação formal ficou evidenciada no ensino remoto instaurado nos anos 2020 e 2021?
   a. A alta interatividade das atividades em sala de aula, de modo que foi possível observar bom engajamento e boa participação dos alunos em ambientes *on-line*.
   b. A pedagogia dos multiletramentos, uma vez que todos os professores buscaram formas diferentes de lidar com o ensino durante a pandemia de covid-19.
   c. A pedagogia da transmissão, que funciona como uma movimentação bancária: os professores transferem o conhecimento, e os alunos passivamente o depositam em suas mentes.

d. A pedagogia da multimodalidade, por meio da qual os professores transpuseram os conteúdos do meio físico para o meio digital de forma total e sem considerar as dificuldades dos educandos.

e. A pedagogia de Freire, com o envolvimento dos alunos em situações-problema em ambientes virtuais, de modo a tentar resolver os problemas da comunidade.

2. De acordo com Kalantzis, Cope e Pinheiro (2020), como se comportam os indivíduos da chamada *geração P*?

a. São usuários da rede responsáveis por divulgar as informações para o máximo de pessoas possível, atuando como mensageiros das notícias em tempo real.

b. São sujeitos com sensibilidades diferentes e alta participação na construção de sentidos por meio das funcionalidades da rede, além de se relacionarem com o conhecimento de novas formas.

c. São sujeitos ativos em redes sociais e que compartilham informações sobre a cultura *pop*, embora se relacionem com o conhecimento da mesma forma *que* se fazia no passado.

d. São usuários da rede que utilizam mídias sociais como o Twitter para substituir as funções de outras redes que não existem mais, como o Orkut.

e. São sujeitos que veiculam informações no meio digital de forma educativa e participativa, sem colaboração e avaliação por pares.

3. Sobre as diferenças entre a pedagogia tradicional e a pedagogia dos letramentos de Kalantzis, Cope e Pinheiro (2020), assinale a alternativa correta:

a. Ambas são incompatíveis, e não é possível haver momentos de instrução explícita ou de aulas expositivas em uma pedagogia de letramentos.

b. A pedagogia dos letramentos está focada na promoção da multimodalidade e descarta o trabalho com novas tecnologias para tal. Por sua vez, a pedagogia tradicional preza por esses aspectos.

c. É dever do professor reproduzir os sistemas escolares tal como ele aprendeu quando era aluno, de modo a promover a manutenção do papel social da escola.

d. Cabe ao professor conscientizar os pais ou responsáveis de seus alunos, bem como sua comunidade, acerca da necessidade de mudanças nos processos de aprendizagem dos discentes, tendo em vista as exigências da contemporaneidade.

e. Cabe à comunidade incentivar os professores a realizar tarefas em modelos mais tradicionais de ensino, a fim de contemplar as necessidades atuais.

4. Com relação ao ato de navegar durante a leitura de textos, assinale a alternativa correta:

a. A navegação é própria da cultura digital e surgiu como forma de descrever os processos que acontecem somente na leitura em telas.

b. Navegar envolve tão somente decodificar as letras e formar sílabas para atribuir sentidos aos textos virtuais.

c. A navegação em meio digital envolve processos completamente distintos daqueles observados na leitura impressa.
d. As práticas de leitura na escola devem envolver o trabalho apenas com livros impressos, uma vez que todos os alunos já dispõem das tecnologias digitais em casa.
e. O trabalho com os materiais didáticos contemporâneos deve engendrar o ensino e a prática da navegação, seja em suporte impresso, seja em suporte digital, de forma a potencializar amplamente as habilidades leitoras dos alunos.

5. Acerca da temática relativa à diversidade cultural na contemporaneidade, todas as alternativas a seguir estão corretas, **exceto**:
a. O ensino sobre a diversidade cultural não compete à escola, visto que os alunos da geração P estão acostumados a buscar no meio virtual informações sobre crenças, raças, etnias e orientação sexual.
b. Historicamente, a escola se tornou o local em que a cultura erudita deveria ser valorizada e disseminada. Havia pouco espaço para a discussão e a problematização da cultura de massa, que era considerada inferior.
c. Os movimentos de migração e a globalização nos colocam em contato constante com povos, línguas e nacionalidades diferentes, o que, por sua vez, nos ajuda a compreender nossos próprios costumes e crenças, afetando nossas percepções culturais.
d. A ampliação das lentes com as quais enxergamos o mundo nos leva a um aprendizado interior sobre nossas próprias identidades em relação às identidades dos outros.

e. O contato com línguas estrangeiras e com linguagens multimodais potencializa o aprendizado e o desenvolvimento dos indivíduos, mostrando-nos formas diferentes de enxergar e interpretar a realidade.

Atividades de aprendizagem

Questões para reflexão

1. Em sua opinião, as escolas atuais estão preparadas para a inserção de materiais didáticos que utilizam tecnologias digitais? Em sua reflexão, considere sua experiência pessoal e/ou profissional.

2. Quais são os elementos necessários para promover a diversidade cultural por meio das tecnologias digitais?

Atividade aplicada: prática

1. Elabore um mapa mental a respeito dos temas estudados neste capítulo, a fim de organizar as informações obtidas conforme o seu entendimento. Você pode fazer sua produção à mão ou recorrer a ferramentas digitais, tais como as disponíveis nos *links* a seguir:

+ https://coggle.it/
+ http://www.mindlyapp.com/
+ https://www.mindmup.com/
+ https://www.mindmeister.com/pt
+ https://www.literatureandlatte.com/scapple/overview
+ https://stormboard.com/

- https://www.ayoa.com/
- https://www.mindnode.com/
- https://simplemind.eu/
- https://www.diagrams.net/

{

considerações finais

❰ CHEGAMOS AO FINAL desta jornada em que discutimos temas de grande relevância para o ensino atual: a pedagogia dos multiletramentos e as tecnologias digitais de informação e comunicação (TDICs).

No Capítulo 1, navegamos pelo surgimento e consolidação da ideia de letramento até chegarmos ao letramento digital. Apresentamos as ideias associadas ao letramento crítico como cruciais para pensarmos as abordagens educacionais, sobretudo no contexto do ensino de línguas.

No Capítulo 2, ampliamos o debate sobre o letramento ao explicitarmos a ideia subjacente ao termo *multiletramentos*. Abordamos as propostas do Grupo de Nova Londres (GNL) e os diversos modos de representar a multimodalidade.

Nos Capítulos 3 e 4, por sua vez, relacionamos o conceito de multimodalidade à nomenclatura *hiper* da contemporaneidade:

hipertexto, hipermodernidade e hiperinformação. Tratamos também das culturas de rede, do remix e da convergência das mídias.

No Capítulo 5, enfocamos a interface entre os multiletramentos e as teorias de gêneros de texto – notadamente, o desenvolvimento do procedimento das sequências didáticas promovido pelo grupo de pesquisadores de Genebra, na Suíça. Destacamos a existência dos gêneros multimodais tanto de forma ampla quanto em relação às especificidades do ambiente digital.

Por fim, no Capítulo 6, analisamos as mudanças provocadas pelas tecnologias digitais tanto nos perfis dos novos professores e alunos quanto nos materiais didáticos utilizados na escola. Refletimos sobre o papel crucial da tecnologia para a ampliação dos horizontes dos estudantes e para sua formação humana por meio do contato com a diversidade cultural, que se tornou facilitada pelo meio digital.

Assim, esperamos que você tenha aprendido muitas coisas novas e ressignificado os conhecimentos que já possuía antes da leitura deste material. Como toda obra da contemporaneidade, esta que você está lendo trata de aspectos que, em breve, poderão ser alterados, em virtude da velocidade com que as trocas comunicativas ocorrem na internet. Ainda assim, as reflexões que procuramos fomentar servem para pensar a prática docente em termos de passado, presente e futuro.

referências

ANJOS-SANTOS, L. M. Gêneros digitais na educação inicial do professor de língua inglesa como instrumentos de (trans)formação. 212 f. Dissertação (Mestrado em Estudos da Linguagem) – Universidade Estadual de Londrina, Londrina, 2012.

BAKHTIN, M. Os gêneros do discurso. São Paulo: Ed. 34, 2020.

BARBOSA, A. M. et al. Aulas presenciais em tempos de pandemia: relatos de experiências de professores do nível superior sobre as aulas remotas. Revista Augustus, v. 25, n. 51, p. 255-280, 2020. Disponível em: <https://revistas.unisuam.edu.br/index.php/revistaaugustus/article/view/565/302>. Acesso em: 7 out. 2022.

BONINI, A. Mídia / suporte e hipergênero: os gêneros textuais e suas relações. Revista Brasileira de Linguística Aplicada, Belo Horizonte, v. 11, n. 3, p. 679-704, 2011. Disponível em: <https://www.scielo.br/j/rbla/a/8TPr4y57SBtJvQSsZt3XWgx/?format=pdf&lang=pt>. Acesso em: 9 set. 2022.

BRAGA, D. B.; VÓVIO, C. L. Uso de tecnologia e participação em letramentos digitais em contextos de desigualdade. In: BRAGA, D. B. (Org.). **Tecnologias digitais da informação e comunicação e participação social**. São Paulo: Cortez, 2015. p. 33-67.

BRONCKART, J. P. **Atividade de linguagem, discurso e desenvolvimento humano**. Campinas: Mercado de Letras, 2006.

BRONCKART, J. P. **Atividade de linguagem, textos e discursos**. São Paulo: Educ, 2012.

CANAGARAJAH, S. Translanguaging in the Classroom: Emerging Issues for Research and Pedagogy. **Applied Linguistics Review**, v. 2, n. 1, p. 1-28, 2011.

CASTRO-GÓMEZ, S. Ciências sociais, violência epistêmica e o problema da "invenção do outro". In: LANDER, E. (Org.). **A colonialidade do saber**: eurocentrismo e ciências sociais – perspectivas latino-americanas. Buenos Aires: Clacso, 2005. p. 87-95.

CAZDEN, C. Connected Learning: "Weaving" in Classroom Lessons. In: PEDAGOGY IN PRACTICE CONFERENCE, 2006, Newcastle. **Anais...** Newcastle: University of Newcastle, 2006. Disponível em: <https://www.researchgate.net/publication/245769594_Connected_Learning_Weaving_in_Classroom_Lessons>. Acesso em: 7 out. 2022.

COPE, B.; KALANTZIS, M. (Ed.). **A Pedagogy of Multiliteracies**: Learning by Design. London: Palgrave Macmillan, 2015.

COPE, B.; KALANTZIS, M. (Ed.). **Multiliteracies**: Literacy Learning and the Design of Social Futures. Londres: Psychology Press, 2000.

COSCARELLI, C. V. (Org.). **Tecnologias para aprender**. São Paulo: Parábola Editorial, 2016.

CRISTOVÃO, V. L. L.; STUTZ, L. Sequências didáticas: semelhanças e especificidades no contexto francófono como L1 e no contexto brasileiro como LE. In: SZUNDY, P. T. C. et al. (Org.). **Linguística aplicada e sociedade**: ensino e aprendizagem de línguas no contexto brasileiro. Campinas: Pontes, 2011. p. 17-40.

DOLZ, J.; NOVERRAZ, M.; SCHNEUWLY, B. Sequências didáticas para o oral e a escrita: apresentação de um procedimento. In: SCHNEUWLY, B.; DOLZ, J. e col. **Gêneros orais e escritos na escola**. Campinas: Mercado de Letras, 2004. p. 95-128.

DUBOC, A. P. M.; FERRAZ, D. M. Letramentos críticos e formação de professores de inglês: currículos e perspectivas em expansão. **Revista X**, Curitiba, v. 1, p. 19-32, 2011. Disponível em: <https://letramentos.fflch.usp.br/sites/letramentos.fflch.usp.br/files/inline-files/document.pdf>. Acesso em: 9 set. 2022.

FERNANDES, A. C. (Org.). **Multiletramentos e multimodalidade na sala de aula**. São Paulo: Pimenta Cultural, 2022. No prelo.

FOLTZ, P. W. Comprehension, Coherence, and Strategies in Hypertext and Linear Text. In: ROUET, J.-F. et al. **Hypertext and Cognition**. Nova Jersey: Laurence Erlbaum Associates Publishers, 1996. p. 109-136.

FREIRE, P. **Pedagogia da autonomia**: saberes necessários à prática educativa. 51. ed. São Paulo: Paz e Terra, 1996.

FREIRE, P.; MACEDO, D. **Alfabetização**: leitura do mundo, leitura da palavra. São Paulo: Paz e Terra, 2014.

FREIRE, P.; MACEDO, D. **Literacy**: Reading the Word and the World. Nova York: Routledge, 2005.

GARCÍA, O. Education, Multilingualism and Translanguaging in the 21st century. In: SKUTNABB-KANGS, T. et al. (Ed.). **Social Justice** through Multilingual Education. Bristol: Multilingual Matters, 2009. p. 140-158.

GARCÍA, O. Translanguaging in Schools: Subiendo y Bajando, Bajando y Subiendo as Afterword. Journal of Language, Identity & Education, v. 16, n. 4, p. 256-263, 2017.

GARCÍA, O.; KLEIFGEN, J. A. Translanguaging and Literacies. Reading Research Quarterly, v. 55, n. 4, p. 553-571, 2020.

GEELLE Talks Meeting 6. 7 May 2021. Disponível em: <https://www.youtube.com/watch?v=J666qIyWM3g>. Acesso em: 10 set. 2022.

GUATTARI, F. O inconsciente maquínico: ensaios de esquizo-análise. Campinas: Papirus, 1988.

HYON, S. Genre in Three Traditions: Implications for ESL. TESOL Quarterly, v. 30, n. 4, p. 693-722, 1996.

JENKINS, H. Cultura da convergência: a colisão entre os velhos e novos meios de comunicação. São Paulo: Aleph, 2009.

JORDÃO, C. M. Abordagem comunicativa, pedagogia crítica e letramento crítico: farinhas do mesmo saco? In: ROCHA, C. H.; MACIEL, R. F. (Org.). Língua estrangeira e formação cidadã: por entre discursos e práticas. Campinas: Pontes, 2013. p. 69-90.

JORDÃO, C. M. No tabuleiro da professora tem... letramento crítico? In: JESUS, D. M. de; CARBONIERI, D. (Org.). Práticas de multiletramentos e letramento crítico: outros sentidos para a sala de aula de línguas. Campinas: Pontes, 2016. p. 41-56. v. 1.

KALANTZIS, M.; COPE, B.; PINHEIRO, P. Letramentos. Campinas: Ed. da Unicamp, 2020.

KIRSCHNER, P. A.; DE BRUYCKERE, P. The Myths of the Digital Native and the Multitasker. Teaching and Teacher Education, v. 67, p. 135-142, 2017.

KLEIMAN, A. Os significados do letramento: uma nova perspectiva sobre a prática social da escrita. Campinas: Mercado de Letras, 1995.

KRESS, G. Literacy in the New Media Age. London: Psychology Press, 2003.

KRESS, G. Multimodality: a Social Semiotic Approach to Contemporary Communication. Oxfordshire: Taylor & Francis, 2010.

LANFERDINI, P. A. F. O trabalho (agir) docente no processo coletivo de planejamento e elaboração de uma sequência didática para o ensino de língua inglesa. 180 f. Dissertação (Mestrado em Estudos da Linguagem) – Universidade Estadual de Londrina, Londrina, 2012.

LANKSHEAR, C.; KNOBEL, M. New Literacies: Everyday Practices and Classroom Learning. Berkshire: Open University Press, 2011.

LEANDER, K.; BOLDT, G. Rereading "A Pedagogy of Multiliteracies": Bodies, Texts, and Emergence. Journal of Literacy Research, v. 45, n. 1, p. 22-46, 2013.

LENHARO, R. I. Participação social por meio da música e da aprendizagem de língua inglesa em um contexto de vulnerabilidade social. 427 f. Dissertação (Mestrado em Programa de Pós-Graduação em Estudos da Linguagem) – Universidade Estadual de Londrina, Londrina, 2016.

LI, W. Translanguaging as a Practical Theory of Language. Applied Linguistics, v. 39, n. 1, p. 9-30, 2017.

LIPOVETSKY, G. Os tempos hipermodernos. São Paulo: Barcarolla, 2004.

MARCUSCHI, L. A.; XAVIER, A. C. (Org.). Hipertexto e gêneros digitais: novas formas de construção de sentido. 3. ed. São Paulo: Cortez, 2010.

MASNY, D. Multiple Literacies Theory: How It Functions, What It Produces. Perspectiva, Florianópolis, v. 28, n. 2, p. 337-352, 2010. Disponível em: <https://periodicos.ufsc.br/index.php/perspectiva/article/view/2175-795X.2010v28n2p337/18440>. Acesso em: 10 set. 2022.

MENEZES DE SOUZA, L. M. O professor de inglês e os letramentos no século XXI: métodos ou ética. In: JORDÃO, C. M.; MARTINEZ, J. Z.; HALU, R. C. (Org.). **Formação "desformatada"**: práticas com professores de língua inglesa. Campinas: Pontes, 2011a. p. 279-303.

MENEZES DE SOUZA, L. M. Para uma redefinição de letramento crítico: conflito e produção de significação. In: MACIEL, R. F.; ARAUJO, V. A. (Org.). **Formação de professores de línguas**: ampliando perspectivas. Jundiaí: Paco Editorial, 2011b. p. 128-140.

MILLER, C. R.; SHEPHERD, D. Questões da blogosfera para a teoria de gênero. In: DIONÍSIO, A. P.; HOFFNAGEL, J. C. (Org.). **Estudos sobre gênero textual, agência e tecnologia**. Recife: Ed. da UFPE, 2009. p. 91-121.

MIQUELANTE, M. A.; CRISTOVÃO, V. L. L.; PONTARA, C. L. Agir social e dimensão (inter)cultural: desafios à proposta de produção de sequências didáticas. **Revista da Anpoll**, Florianópolis, v. 51, n. 2, p. 153-174, 2020. Disponível em: <https://revistadaanpoll.emnuvens.com.br/revista/article/view/1404/1105>. Acesso em: 10 set. 2022.

MONTE MÓR, W. M. Learning by Design: Reconstructing Knowledge Processes in Teaching and Learning Practices. In: COPE, B.; KALANTZIS, M. (Ed.). **A Pedagogy of Multiliteracies**: Learning by Design. London: Palgrave Macmillan, 2015. p. 186-209.

NASCIMENTO, J. P. C. do. **Abordagens do pós-moderno em música**: a incredulidade nas metanarrativas e o saber musical contemporâneo. São Paulo: Cultura Acadêmica, 2011. Disponível em: <https://repositorio.unesp.br/bitstream/handle/11449/109144/ISBN 9788579830983.pdf?sequence=2&isAllowed=y>. Acesso em: 10 set. 2022.

NOJOSA, U. N. Da rigidez do texto à fluidez do hipertexto. In: FERRARI, P. (Org.). **Hipertexto, hipermídia:** as novas ferramentas da comunicação digital. São Paulo: Contexto, 2007. p. 69-78.

OTHEGUY, R. et al. Clarifying Translanguaging and Deconstructing Named Languages: a Perspective from Linguistics. **Applied Linguistics Review**, v. 6, n. 3, p. 281-307, 2015.

PONTARA, C. L.; CRISTOVÃO, V. L. L. Sequência didática de gêneros dos quadrinhos para o ensino de língua inglesa: possibilidades e desafios. **Revista X**, Curitiba, v. 15, n. 2, p. 153-184, 2020. Disponível em: <https://revistas.ufpr.br/revistax/article/view/71595/40981>. Acesso em: 10 set. 2022.

PRENSKY, M. Digital Natives, Digital Immigrants. **On the Horizon** NCB University Press, v. 9, n. 5, p. 1-6, 2001. Disponível em: <http://www.marcprensky.com/writing/Prensky%20-%20Digital%20Natives,%20Digital%20Immigrants%20-%20Part1.pdf>. Acesso em: 10 set. 2022.

RIBEIRO, A. E. **Escrever, hoje:** palavra, imagem e tecnologias digitais na educação. São Paulo: Parábola Editorial, 2018.

RIBEIRO, A. E. **Textos multimodais:** leitura e produção. São Paulo: Parábola Editorial, 2016.

ROJO, R. H.; BARBOSA, J. M. **Hipermodernidade, multiletramentos e gêneros discursivos**. São Paulo: Parábola Editorial, 2015.

SAMPAIO, M. N.; LEITE, L. S. **Alfabetização tecnológica do professor**. 10. ed. Petrópolis: Vozes, 2018.

SCHNEUWLY, B. Gêneros e tipos de discurso: considerações psicológicas e ontogenéticas. In: SCHNEUWLY, B.; DOLZ, J. e col. **Gêneros orais e escritos na escola**. Campinas: Mercado de Letras, 2004. p. 19-34.

SCHNEUWLY, B.; DOLZ, J. e col. **Gêneros orais e escritos na escola**. Campinas: Mercado de Letras, 2004.

SCHNEUWLY, B.; DOLZ, J. Os gêneros escolares: das práticas de linguagem aos objetos de ensino. Revista Brasileira de Educação, n. 11, p. 5-16, 1999. Disponível em: <http://educa.fcc.org.br/pdf/rbedu/n11/n11a02.pdf>. Acesso em: 10 set. 2022.

SEMINÁRIO 2015 – Palestra Prof. Joaquim Dolz (1/3). 2015a. Disponível em: <https://www.youtube.com/watch?v=K68WLhIcSrc>. Acesso em: 19 set. 2022a.

SEMINÁRIO 2015 – Palestra Prof. Joaquim Dolz (2/3). 2015b. Disponível em: <https://www.youtube.com/watch?v=Gps1x4tmFwk>. Acesso em: 19 set. 2022b.

SIMM, J. F. S. et al. As faces do ensino em tempos de pandemia: relatos de práticas docentes na área da linguagem. Educitec – Revista de Estudos e Pesquisas sobre Ensino Tecnológico, v. 6, p. 1-19, 2020. Disponível em: <https://sistemascmc.ifam.edu.br/educitec/index.php/educitec/article/download/1438/590/7461>. Acesso em: 7 out. 2022.

SNYDER, I. Antes, agora, adiante: hipertexto, letramento e mudança. Educação em Revista, Belo Horizonte, v. 26, n. 3, p. 255-282, 2010. Disponível em: <https://www.scielo.br/j/edur/a/mCYG9K74qkc5pSPywt3g8tF/?format=pdf&lang=pt>. Acesso em: 10 set. 2022.

SOARES, M. Letramento e alfabetização: as muitas facetas. Revista Brasileira de Educação, n. 25, p. 5-17, 2004. Disponível em: <https://www.scielo.br/j/rbedu/a/89tX3SGw5G4dNWdHRkRxrZk/?format=pdf>. Acesso em: 10 set. 2022.

SOARES, M. O que é letramento e alfabetização. In: SOARES, M. Letramento: um tema em três gêneros. Belo Horizonte: Autêntica, 1999. p. 27-60.

SOUSA SANTOS, B. Um conhecimento prudente para uma vida decente: um discurso sobre as ciências. São Paulo: Cortez, 2004.

STREET, B. **Letramentos sociais**: abordagens críticas do letramento no desenvolvimento, na etnografia e na educação. São Paulo: Parábola Editorial, 2014.

STREET, B. **Literacy in Theory and Practice**. Cambridge: Cambridge University Press, 1984. v. 9.

STUTZ, L. **Sequências didáticas, socialização de diários e autoconfrontação**: instrumentos para a formação inicial de professores de inglês. 388 f. Tese (Doutorado em Estudos da Linguagem) – Universidade Estadual de Londrina, Londrina, 2012.

TAGATA, W. M. "It's mine"! Aprendizagem situada e novos letramentos na aula de inglês. In: TAKAKI, N. H.; MACIEL, R. F. (Org.). **Letramentos em terra de Paulo Freire**. Campinas: Pontes, 2014. p. 151-170.

THE NEW LONDON GROUP. A Pedagogy of Multiliteracies: Designing Social Futures. **Harvard Educational Review**, v. 66, n. 1, p. 60-92, 1996. Disponível em: <http://newarcproject.pbworks.com/f/Pedagogy+of+Multiliteracies_New+London+Group.pdf>. Acesso em: 9 set. 2022.

VOGEL, S.; GARCÍA, O. Translanguaging. In: OXFORD RESEARCH ENCYCLOPEDIA OF EDUCATION. Oxford: Oxford University Press, 2016. p. 1-21. Disponível em: <https://ofeliagarciadotorg.files.wordpress.com/2018/01/vogelgarciatrlng.pdf>. Acesso em: 10 set. 2022.

VOLÓCHINOV, V. **Marxismo e filosofia da linguagem**: problemas fundamentais do método sociológico na ciência da linguagem. São Paulo: Ed. 34, 2017.

WOLF, M. **O cérebro no mundo digital**: os desafios da leitura na nossa era. São Paulo: Contexto, 2019.

XAVIER, A. C. Leitura, texto e hipertexto. In: MARCUSCHI, L. A.; XAVIER, A. C. (Org.). **Hipertexto e gêneros digitais:** novas formas de construção de sentido. 3. ed. São Paulo: Cortez, 2009. p. 207-220.

bibliografia comentada

KALANTZIS, M.; COPE, B.; PINHEIRO, P. **Letramentos**. Campinas: Ed. da Unicamp, 2020.

Trata-se de um manual rico em informações históricas e teóricas sobre a temática dos letramentos. Os autores descrevem abordagens e possibilidades de trabalho com diversos recursos semióticos, como significados sonoros, espaciais, visuais, bem como da escrita e da leitura. É uma obra de leitura obrigatória para todos os interessados em letramentos.

JORDÃO, C. M.; MONTE MÓR, W. (Org.). **Letramentos em prática na formação inicial de professores de inglês**. Campinas: Pontes, 2018.

Essa coletânea de artigos traz experiências de formadores de professores de inglês em relação a diversas áreas dos letramentos. Os autores discutem situações de ensino relacionadas a disciplinas como Fonética, Fonologia e Estágio Supervisionado, entre outras.

NORTON, B.; TOOHEY, K. (Ed.). Critical Pedagogies and Language Learning. Cambridge: Cambrigde University Press, 2005.

Esse livro é composto por vários trabalhos que abordam pedagogias críticas de todo o mundo. Autores de diferentes nacionalidades tratam de questões como a redefinição da educação em segunda língua, a compreensão de identidades desafiadoras, a pesquisa sobre práticas críticas e a educação de professores para a transformação.

RIBEIRO, A. E. Escrever, hoje: palavra, imagem e tecnologias digitais na educação. São Paulo: Parábola Editorial, 2018.

Nessa obra, a autora faz incursões de alto nível nos meandros do complexo processo da escrita na contemporaneidade. Ao debater as diferenças entre as culturas escrita, impressa e digital, Ana Elisa Ribeiro nos ajuda a entender as particularidades da escrita nos meios digitais e a influência das modalidades da imagem e do som nas produções textuais da atualidade.

WOLF, M. O cérebro no mundo digital: os desafios da leitura na nossa era. São Paulo: Contexto, 2019.

Por meio da escrita de nove cartas, a neurocientista Maryanne Wolf aborda sua trajetória como pesquisadora e mãe preocupada com a influência das tecnologias na arquitetura cerebral das novas gerações. Trata-se de uma leitura leve e instigante que nos possibilita navegar entre conceitos complexos de forma prazerosa e informativa. É um livro de cabeceira para qualquer profissional da educação que queira manter-se atualizado.

respostas

um
Atividades de autoavaliação
1. c
2. e
3. d
4. a
5. a

dois
Atividades de autoavaliação
1. a
2. b
3. e
4. a
5. c

três

Atividades de autoavaliação

1. b
2. e
3. b
4. c
5. a

quatro

Atividades de autoavaliação

1. e
2. c
3. a
4. b
5. c

cinco

Atividades de autoavaliação

1. d
2. d
3. a
4. c
5. b

seis
Atividades de autoavaliação
1. c
2. b
3. d
4. e
5. a

{

sobre a autora

CRAYANE ISADORA LENHARO é doutora pelo Programa de Pós-Graduação em Letras da Universidade Federal do Paraná (UFPR), na área de Linguística Aplicada (Linha de Pesquisa "Linguagens, culturas e identidades: ensino e aprendizagem"), e membro do Grupo de Pesquisa Identidade e Leitura e do Grupo de Estudos Multiletramentos e Multimodalidade na Formação de Professores de Línguas Estrangeiras (GEMPLE), ambos vinculados à UFPR. Foi bolsista de doutorado Capes no Programa de Excelência Acadêmica (Proex) entre março de 2020 e fevereiro de 2021. É mestre pelo Programa de Pós-Graduação em Estudos da Linguagem da Universidade Estadual de Londrina (UEL). É graduada em Letras – Língua Inglesa e Respectivas Literaturas pela UEL. Tem experiência como professora de língua inglesa em institutos de idiomas e no ensino superior, sobretudo com atuação em cursos de Letras. Tem interesse nos seguintes tópicos de pesquisa: gêneros textuais; (multi)letramentos; multimodalidade; e tecnologias digitais de informação e comunicação. Foi professora colaboradora (substituta) nas seguintes instituições de ensino superior: Universidade Estadual do Paraná (Unespar), *campus* de Apucarana, entre julho de 2015 e dezembro de 2017; Universidade Estadual de Londrina (UEL), entre setembro de 2017 e fevereiro de 2018; Universidade Tecnológica Federal do Paraná (UTFPR), *campus* de Curitiba, entre março de 2018 e dezembro de 2019. No momento, atua como professora substituta na UEL e como orientadora pedagógica do programa Paraná Fala Inglês, vinculado à Universidade Estadual do Norte do Paraná (Uenp).

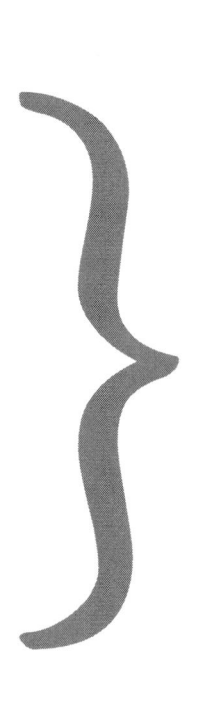

}

Impressão:
Dezembro/2022